そのとき、
どうする

ただちに命を守る
とっさの
行動マニュアル

NPO法人
日本防災士機構 理事
甘中繁雄 監修

大和書房

自分だけは被災しない。
自分だけは大丈夫。

けれども、
災害は必ずやってきます。
そのとき、あなたは生き延びられますか？

写真提供：共同通信社

将来、大災害発生の可能性が高いと感じている人は6割もいるのに、

災害の備えをしていない人は6割を超えている。

「自分だけは大丈夫」はもはや通用しない

台風による水害、地震などが、ここ数年、毎年のように日本列島を襲い、甚大《じんだい》な被害を及ぼしています。そのときはニュースで見聞きし、「大変だな」「備えをしなくては」と思うものの、「自分は大丈夫」と心のどこかで思っている人が多いのではないでしょうか。実際に、災害は発生すると思っているのに、備えをしていない人が半数以上もいるのです。自助が大切といわれている今、備えこそが自分の身を助ける最強の術《すべ》になることを知っておきましょう。

【災害の備えについて】

日常生活において、災害への備えはどのくらい重要なことですか?

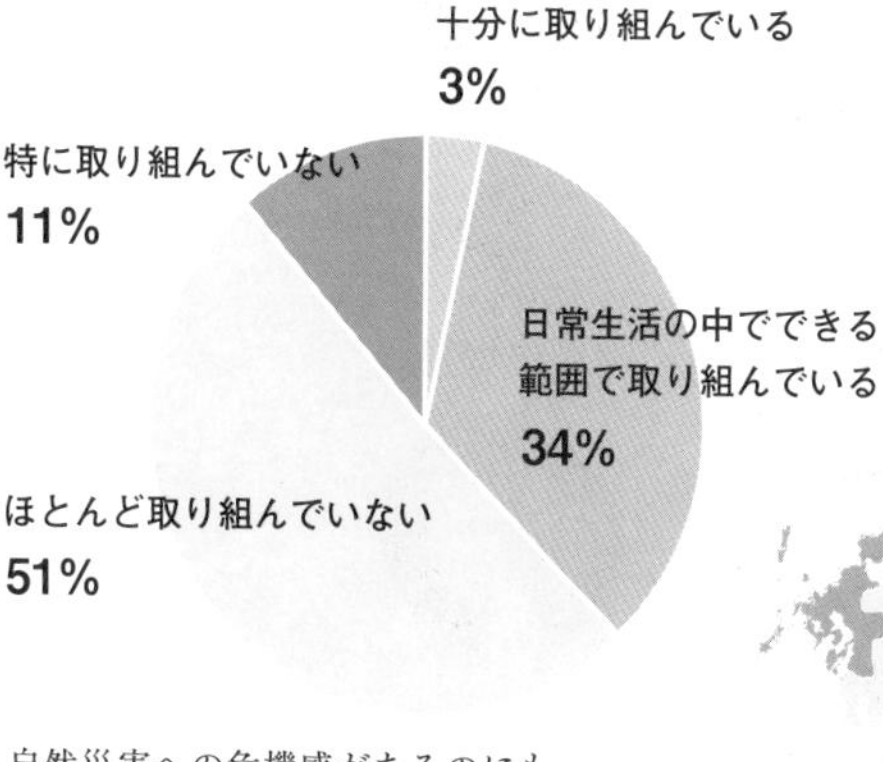

自然災害への危機感があるのにもかかわらず、備えている人は４割以下。取り組んでいる人の多くは「携帯ラジオ・懐中電灯・医薬品などを常備」と回答。

出典：平成28年版「防災白書」

【災害の予測について】

今、あなたが住んでいる地域に、大災害が発生すると思いますか?

将来（今後30年）、大震災や水害などが発生する「可能性が高い」と答えている人が６割超。地域別では、太平洋側の７割以上の人に危機感がある結果に。

今後30年以内に
震度6弱以上の
揺れが起きる確率、
千葉市85%。

大地震の発生率は首都圏でかなりの高確率

政府の地震調査委員会が、今後30年以内に震度6弱以上の激しい揺れに襲われる確率を公表しました。

巨大地震が予想されるのは、カムチャッカ半島南部から北海道南東部あたりの「千島海溝」、四国から駿河湾あたりの「南海トラフ」、首都直下地震が想定されている関東などで高確率となっています。

全国でもっとも確率が高いのが千葉市の85％、ついで横浜市の82％、水戸市の81％です。ちなみにピンポイントでは幕張メッセが84・5％、ディズニーランドが82・5％、スカイツリーが81・3％。これほどまでに高確率なのです。地震大国に住むからには、備えをすること、防災の意識を高めることこそが自分の命を守れるいちばんの近道なのです。

【今後30年以内に震度6弱以上の揺れに見舞われる確率】

エリア	地点	確率
北海道	日高（浦河町）	70%
	釧路（釧路市）	69%
	根室（根室市）	78%
関東甲信	水戸市	81%
	さいたま市	55%
	千葉市	85%
	東京都庁	48%
	横浜市	82%
	甲府市	50%
東海	静岡市	70%
	名古屋市	46%
	津市	64%
近畿	大阪市	55%
	神戸市	44%
	奈良市	61%
	和歌山市	58%
中国・四国	岡山市	42%
	徳島市	73%
	高松市	63%
	松山市	45%
	高知市	75%
九州・沖縄	大分市	54%
	宮崎市	44%
	那覇市	20%

「全国地震動予測地図2018年版」より作成

東北地方では秋田市が8.1％、青森市が5.7％、仙台市が6.1％と確率は低め。だからといって油断はできません。確率が低かった熊本でも大地震が起きました。

2100年の
最高気温は、
44度超え！

地球の温度が上がれば自然災害が激増

年々猛暑日が増え、最高気温が更新される昨今。２１００年までの気温上昇について「産業革命以前に比べて１・５度に抑える」という目標を掲《かか》げているものの、もしそれが達成できなかった場合、２０００年からの平均気温が最大で４・８度上昇すると環境省が予測。２１００年の夏には名古屋では44度という激暑に。気温の上昇により、海水の温度が上がると猛烈な台風が訪れ、大雨、暴風、高波などの自然災害も比例して増えると考えられます。

2100年の夏の天気予報。全国各地で40℃超えは当たり前。冬でも25℃を超える夏日が増えるのだとか。

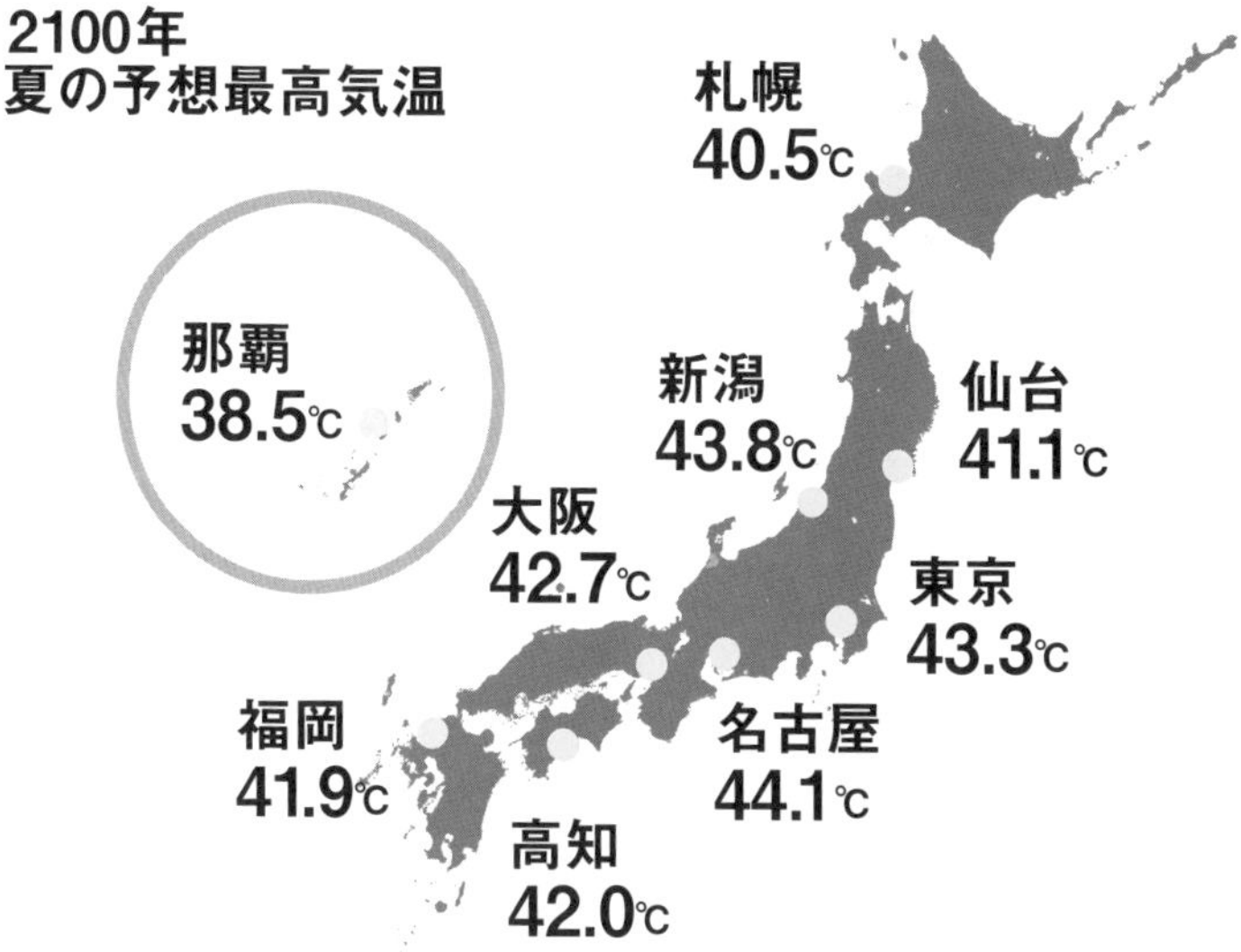

環境省「2100年 未来の天気予報（新作版）」より作成

阪神・淡路大震災で
生き埋め・閉じ込められた人の
7割が
自助で脱出している。

自分で生き残る術を身につけるべき

災害のニュースを見ていると、救助隊の方々が必死に救助をしている姿を目にします。しかし、広範囲に及ぶ大規模災害においては、１人の命を助けるには複数人の力が必要という厳しい現実。だからこそ自分自身や大切な家族の命を守るために、自分で自分を助ける「自助」が大切なのです。それは防災グッズの準備や家具の転倒防止といった備えだけでなく、災害に遭《あ》ったら「そのときどうすればいいのか」を知っておくこと。

１９９５年の阪神・淡路大震災のとき、「生き埋め・閉じ込め」で助かった人のうち、家族を含む自力で命拾いをした人は全体の約７割。一方で救助隊に救われたのは１・７％。「自助」で命をつないだ人のほうが圧倒的に多いのです。

【阪神・淡路大震災における生き埋め・閉じ込めの際の救助主体】

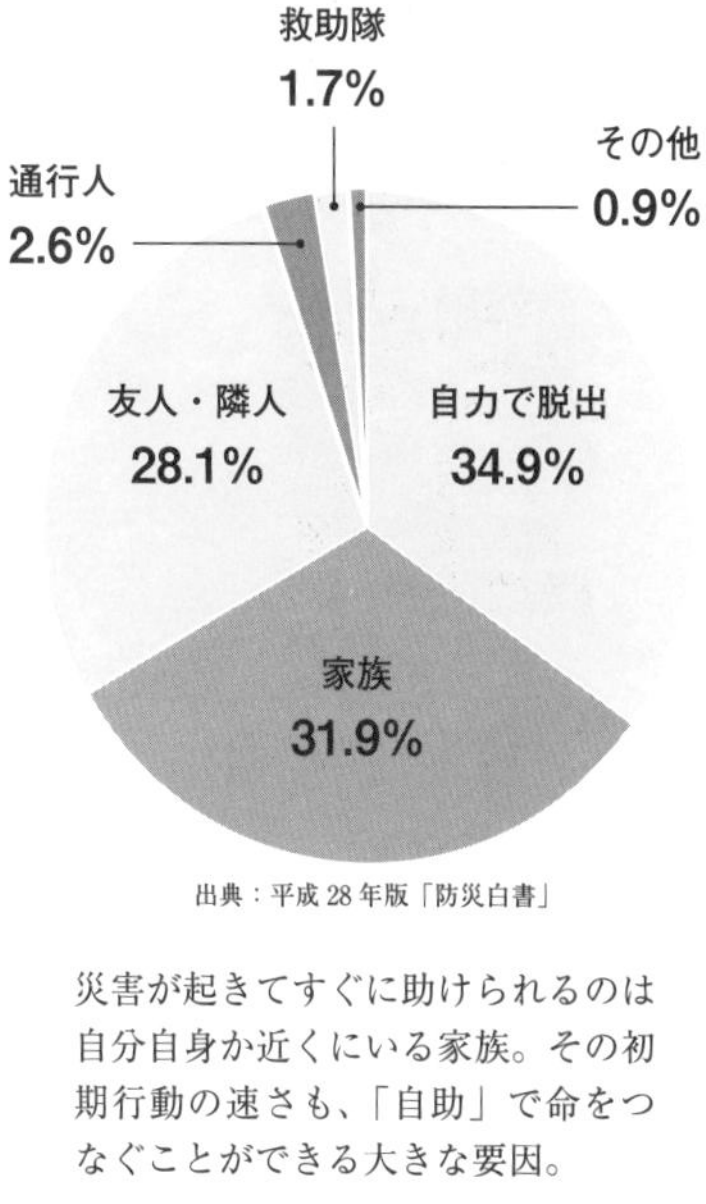

出典：平成28年版「防災白書」

災害が起きてすぐに助けられるのは自分自身か近くにいる家族。その初期行動の速さも、「自助」で命をつなぐことができる大きな要因。

今後ますます災害は増加、
自分の身は自分で守っていく必要性が高まります。

生存率が急激に低下するとされる、
災害発生から

72時間の壁。

災害現場では災害後72時間、つまり３日間が勝負といわれています。これは１９９５年の阪神・淡路大震災をきっかけにいわれ始めました。災害当日の救出者中の生存者は４人に３人、つまり75%。けれども、翌日には24%、３日目には15%、４日目になると５%にまで低下。そのため、急激に生存率が減る境目となった３日目の72時間が、生存率を大きく左右するといわれているのです。

家屋の倒壊が多かったこの地震では、がれきの下から救出された約１万８０００人のうち、８割が発生直後に自力や近隣住民の必死の救出活動によって助け出されました。

つまり、生き残るために重要なのは初期対応の速さ。

命を守るために何より大切なのは、身の安全を最優先すること。さらに、生き延びるために、体温の保持、水、食糧の確保が重要となります。

アメリカには「The rule of threes」というサバイバルの共通用語があります。生存の危機的状況に陥《おちい》るまでに、極暑《ごくしょ》・極寒《ごっかん》など過酷《かこく》な環境なら３時間、水を飲めなければ３日間、何も食べられなければ３週間といわれています。こうした条件をクリアするには、一刻も早く救出され、安全な場所に避難することが必須になります。

近年、災害を伝えるニュースなどで、「ただちに命を守る行動をとってください」と呼びかけられることが増えました。では、危機的状況下での「ただちに命を守る行動」って何でしょうか？

①頭部を守る

②呼吸を確保する

③体温を保持する

身の安全を確保するために、災害発生直後はこの３つがとにかく重要です。

水害・土砂災害など予測できる災害時には、命を守るために市町村から避難情報が発令されるようになりました。けれども、「命を守る行動」は、予測可能な災害時だけでなく、どんな災害時にも必要です。

地震、風水害、雷や大雪といった気象災害時、火災時に、そのときどうするかのとっさの行動について取り扱った本書においても、基本となるのは、右ページの命を守る３つの行動です。

「頭を守ること」は、地震によって家財道具などが倒れてきたとき、野外にいて強風が吹いて看板などの落下物があるとき、大粒の雹《ひょう》が降ってきたときなど、体の中でもっともダメージが大きく出る頭を守ることを優先します。バッグで保護する、机の下にもぐる、頑丈な建物の中に入るといったことです。

次に**「呼吸を確保すること」**。呼吸が確保できないことは窒息死を意味します。火事では煙が運ぶ炎や熱に起因する窒息、煙を吸ったことによる一酸化炭素中毒は死に直結します。

３つ目の**「体温を保持すること」**。被災したときが真冬や真夏では、救助を待つ間や避難所で待機時、帰宅困難者になったときなど、ひどい低体温症や熱中症になる恐れがあります。軽度ならまだしも、そうでない場合は命を落としかねません。

災害に直面したとき、まずは自分で自分の命を守る行動が何より大切です。さらに、二次災害から命を守るためにも、避難が重要となるのです。

災害発生時の警戒レベル

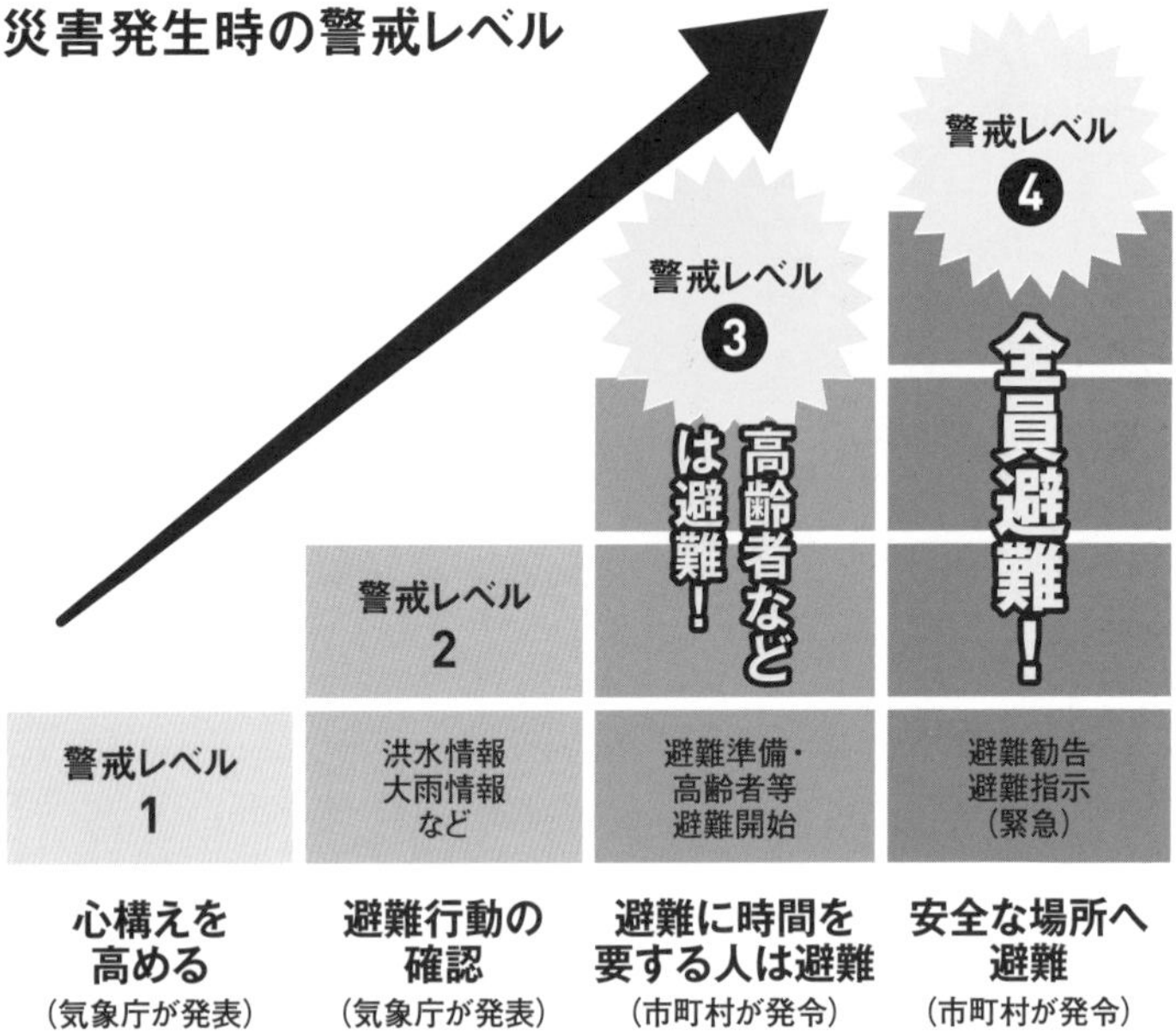

［警戒レベル❺］はすでに災害が発生している状況です。
（市町村が発令）

警戒レベルの内容を知らないと避難が遅れる！

予測可能な災害時には、一刻も早く避難をすることが命を守る行動につながります。

２０１９年から大雨や台風発生時などに、市町村が警戒レベルを用いて避難情報を発令するようになりました。この意味がわかっていないと避難が遅れます。

警戒レベル１：早期注意情報が気象庁から出され、心構えを高める段階。

警戒レベル２：洪水注意報、大雨注意報などが気象庁から出され、避難に備えてハザードマップで自分の避難行動を確認する段階。ここまでは住民が自主的に避難行動をするために参考にする情報です。

警戒レベル3：避難に時間を要する高齢者や障がい者、幼児とその支援者は避難する段階。市町村から避難準備・高齢者等避難開始が発令されます。

警戒レベル4：避難勧告、避難指示が市町村から発令され、全員が避難先へ避難をするタイミング。

警戒レベル5：河川氾濫《はんらん》発生情報や大雨特別警報などが出ていて、すでに災害が発生している状況。このタイミングで避難しようとすると、かえって危険な場合もあります。

　避難所へ行く必要があるにもかかわらず、「我が家は大丈夫」「自分だけはなんとかなる」と思い込んで避難が遅れる場合があります。もし命拾いをしたとしても、自宅では到底生活をすることができません。そういった場合にも避難所が重要になってきます。避難所は災害の情報が集まり、水や食糧などといった生活物資も集まり、何よりも1人ではない、多くの地域住民がいるという安心感があります。

ためらっている時間はありません。

ただちに命を守る行動をとってください！

はじめに

私たちの住む日本は、他の国に比べて、気象、地形、地質などの自然条件から、自然災害の発生確率が非常に高いといわれています。国や地方公共団体は、従来から防災を最重点課題として取り組んできました。また、地震や津波、洪水などの災害に関する学問的な研究も、日本は世界のトップクラスにあります。しかしながら、さまざまな分野で科学技術の進歩が見られる現代においても、自然災害のメカニズムが完全に解明されたとはいえません。

防災対策の基本を示す「災害対策基本法」（１９６１年）は、１９５９年の伊勢湾台風を教訓として制定されました。この法律は、災害が発生した際に、国や自治体はどう対応するかに力点があり、法制定後に犠牲《ぎせい》者が１０００人を超える災害はなくなりました。

しかし、１９９５年1月17日に発生した阪神・淡路大震災では、６４３４人が犠牲となり、それまでの災害対策に大きな転換を迫りました。想定していない場所、思いもしない形で突然発生し、大きな災害であればあるほど、国や地方公共団体の救助・救援がすぐには期待できず、自助・共助による地域防災力の向上で災害に備えることが重要であることを明らかにしたのです。

また、昨今の気象変動がもたらす災害の激甚化《げきじんか》は、我が国の防災対策の大きな転換期となりました。広域災害が頻発する状況下では、公的支援の分散、希薄化《きはくか》が想定されます。

２０１８年7月、西日本を襲った豪雨は、洪水やがけ崩れを引き起こし、２００人以上が死亡、数十人が行方不明という36年ぶりの大災害となりました。この災害を受けて、中央防災会議のワーキンググループは、住民が「自らの命は自らが守る」意識を持ち、自らの判断で避難行動をとる、「行政は全力で支援する」との方向性を示しました。また、中央防災会議の作業部会は、提言を盛り込んだ報告書を次のように発表しました。

「国民の皆さんへ　～大事な命が失われる前に～」と題された文章の中で、

・行政は万能ではありません
・行政が一人ひとりを助けに行くことはできません
・皆さんの命を行政に委《ゆだ》ねないでください
・地域の皆さんで助け合いましょう

と、住民の防災意識の低下に、強い危機感をにじませたのです。

多くの災害知識を持つことで、もしものときには、迅速《じんそく》で正確な判断ができます。それは自分や家族の命を守るだけでなく、多くの人を助けることにつながるのです。

本書では、災害と防災に関する情報、命を守る知識をまとめてあります。災害発生時に役立つさまざまな「知恵」や「工夫」を集め、わかりやすく解説しました。ご活用いただければ幸いです。

令和二年一月

日本防災士機構　理事　甘中繁雄

目次

Chapter2

風水害

風水害コラム

Chapter3 天候の急変

Chapter4 火災

Chapter5

山の事故

Chapter6

水難事故

Chapter7 応急処置

Chapter1 地震

震度６弱で
立っているのが困難に、
震度６強で
這《は》わないと動けなくなります。

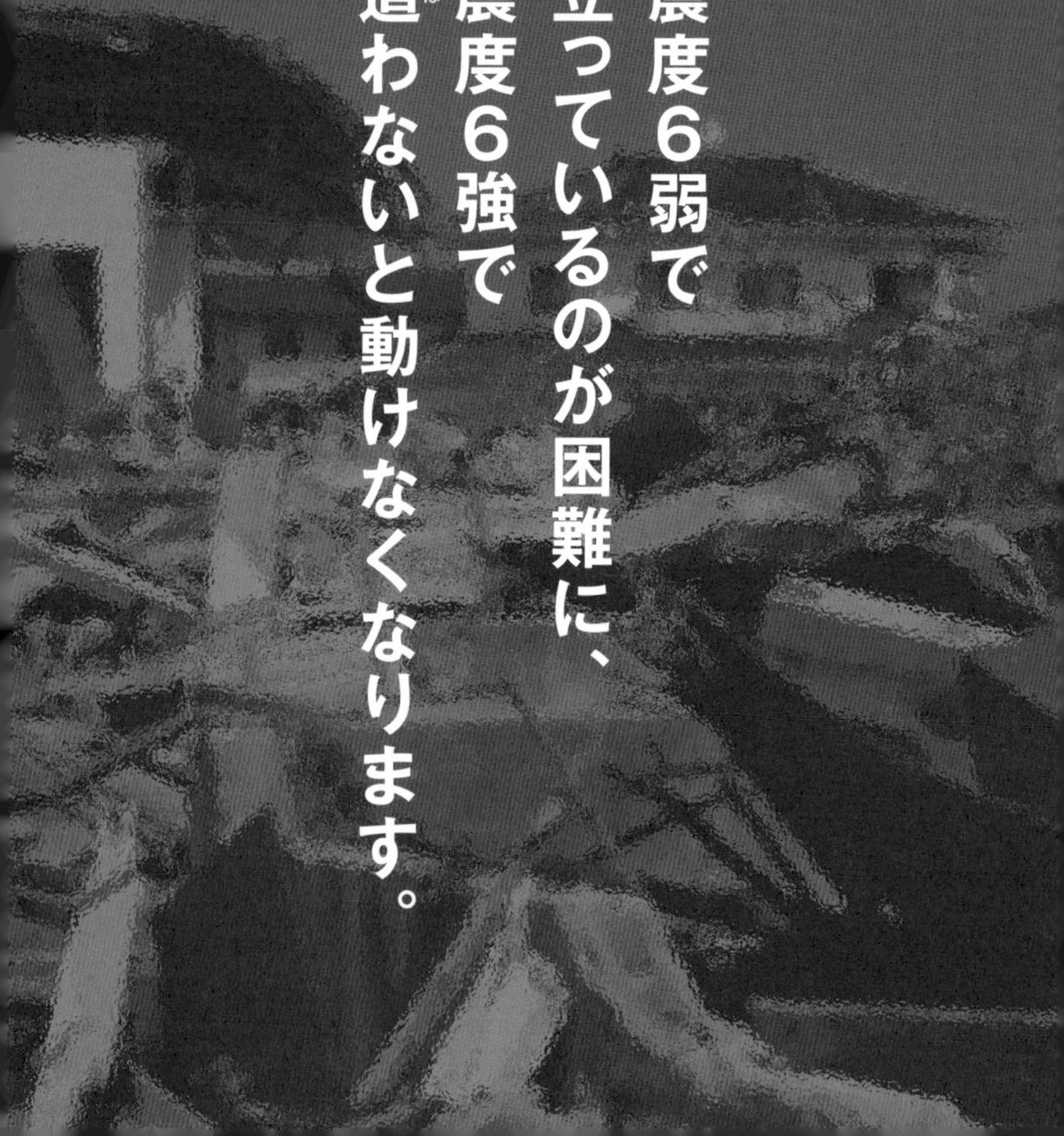

そのとき、
どうする？

地震

キッチンやリビングにいたら

はじめのうち大きく揺れても、「すぐにおさまるだろう」と勝手な判断はダメ。揺れたら条件反射的に自分の身を守る習慣を身につけましょう。

落下物や倒れやすい家具から体を守ることが最優先

調理中ならすぐに火元から離れ、リビングの丈夫な机やテーブルの下にもぐって脚をつかみ、体が外に出ないようにして頭や体を守ることが最優先。揺れがおさまるまでは動かないようにします。揺れがおさまったらガスを止めたり、アイロンやドライヤーなど電熱機器のプラグをコンセントから抜いたりし、必要に応じて避難します。冷蔵庫や電子レンジ、背の高いタンス、戸棚、本棚、窓ガラスからは極力離れること。

備え

下敷きになると大変、冷蔵庫はあらかじめ固定を

冷蔵庫は天井と冷蔵庫の間を突っ張り棒で支えたり、専用のシートを貼って壁にくっつけるなどして、動かないように固定しておくことで地震時の転倒を防ぎます。

また、食器が割れてガラスの破片が飛び散る危険があるので、食器棚の扉の取っ手部分に棒を引っ掛けて開かないようにしたり、食器の下にすべり止めシートを敷いて食器棚から飛び出てしまうのを防ぎます。飛散したガラスを踏んでは大変。台所には必ずスリッパを置くようにしましょう。

！ ガスの火はすぐに消さなくてもいい！

大きな揺れを察知すると、自動的にガスの供給が停止するガス漏れ遮断器（マイコンメーター）がほとんどの家庭に設置されているので、慌てて火を止める必要はありません。揺れている最中に無理に火を消しにいくと、落ちてきた鍋や調理器具でやけどをする場合があり、かえって危険。ガスを復旧する際は、マイコンメーターの復帰ボタンを押し込みます。赤いランプの点灯が消えたら使用できます。

！ 避難時はブレーカーを落とす

避難するために自宅を留守にするときは、必ずブレーカーを「切」にしましょう。停電が復旧したときに、壊れた家電製品に通電して火災が発生するといった二次災害の可能性を防ぐためです。復旧したら、ガス臭いなどの異常がないかを確認したのち、アンペアブレーカーを上げます。もしガス臭いような異常がする場合は、ブレーカーを上げず、すぐに消防署へ連絡しましょう。

トイレやお風呂にいたら

お風呂の中では裸で無防備。焦ってどうしたらいいのかわからないときは、深呼吸をして自分を落ち着かせることを最優先にしましょう。

避難経路を確保したら身を守る体勢に

お風呂もトイレも密室なので、ドアが変形して開かなくなって脱出できないということがないように、まずはドアを開けます。入浴中は慌てて逃げようとすると転倒しかねません。石けんの泡や水ですべりやすい床、シャンプーなどの小物類、鏡の破片に注意が必要です。浴槽の中でお風呂のふたを頭にのせて身を守り、揺れがおさまったら服を着て様子を見ます。トイレの場合は壁に手をつき、体をしっかりと支えましょう。

備え

子どもには十分に注意を払い、浴槽に水をためておく習慣を

浴槽には約200リットルの水をためておくことができます。地震によってライフラインがストップし、断水してしまうと、お風呂に入れない、トイレを流せない、食器や手を洗えない、といった不便なことが出てきます。そんなときのために、お風呂に水をためておく習慣を。お子さんがいるご家庭では、不慮《ふりょ》の事故につながる可能性もあるので、ふたをしておくなど十分な注意が必要です。

！ 地震酔いをしてしまったら軽い運動が有効

狭い場所で大きな揺れを長時間感じていたり、バスタブのお湯の揺れによって地震酔いをしてしまったりして、平衡《へいこう》感覚を失うことがあります。そんなときは、手足を温めて軽い運動をすると効果的です。

！ 緊急時には自家製トイレを

トイレが使えなくなったら、新聞紙とポリ袋で応急処置をとることができます。新聞紙2、3枚と45リットル程度のポリ袋を2枚用意。便座を上げてポリ袋で便器を覆《おお》うように被《かぶ》せ、便座を下ろしてその上からもう1枚ポリ袋を被せます。くしゃくしゃにした新聞紙を広げて便器の中に2枚、十字になるように置きます。残りの新聞紙を丸めて便器の中へ。用を足したら、上のポリ袋のみをはずして口を結べば臭いも最小限。便器の底に残っている水は抜かないようにしましょう。この水が汚物の臭いが上がってくるのを防いでくれます。

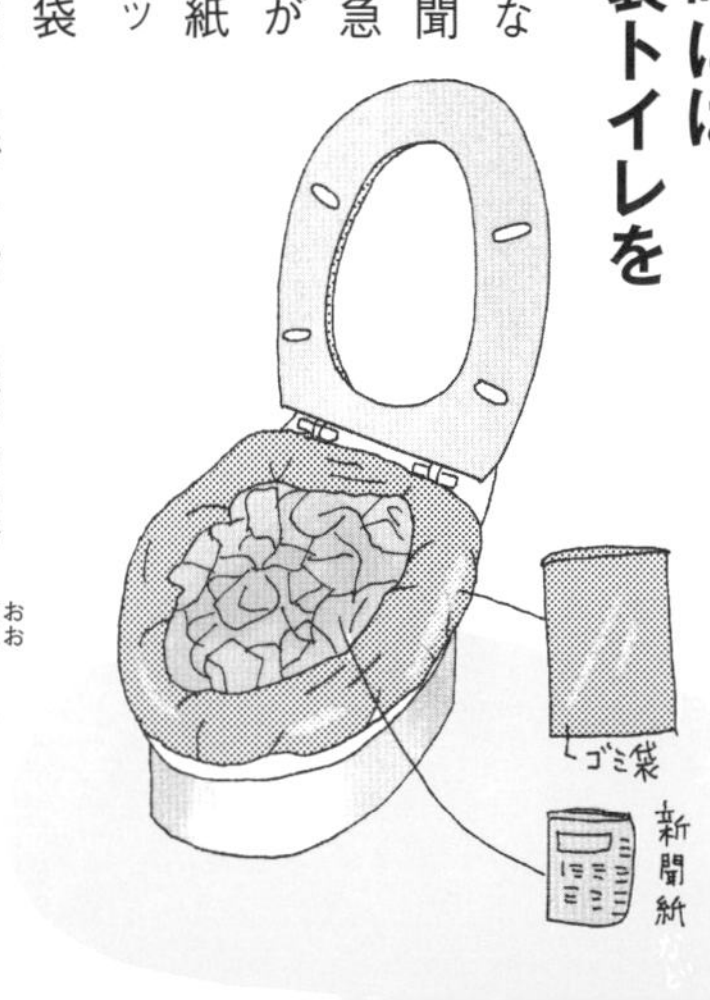

地震

就寝中だったら

就寝中は地震と気づくまでにタイムラグがあることと、停電になったときに真っ暗になるのが怖いところ。家族で声をかけ合い、明かりは普段から確保しておきましょう。

家具などの圧死に注意。とにかく寝具で身を守る

無防備なときに、大きな揺れを感じると焦ってしまいますが、慌てて逃げるのはかえって危険。背の高い家具からなるべく離れて頭を寝具で守りましょう。ベッドの下にもぐったり、ベッドの横で身をかがめたりして揺れがおさまるのを待つことです。揺れがおさまったら、床に飛散したガラスに注意しつつ、外へ避難する動線を確認。もし停電で真っ暗になってしまったら、スマホのライトを一時的に使うのもいいでしょう。

備え

今一度見直したい寝室のレイアウト

夜間の地震は機《き》転《てん》を利かせてとっさに動けないことも多いので、日頃の備えが明暗を分けます。まずは寝室のレイアウト。タンスなど大きな家具は転倒によるケガの恐れがあるので、できるだけ寝室には置かないようにしましょう。早朝に発生した阪神・淡路大震災は、犠牲者の約8割が家屋の倒壊や家具の転倒による圧死といわれています。また、窓ガラスやライトの破片でケガをする危険があるため、寝場所の近くに転倒物、落下物がないレイアウトを心がけましょう。

さらには枕元やベッドの下には、非常用持ち出し袋、底の厚いスリッパやスニーカー、懐中電灯、携帯ラジオ、スマートフォン用のモバイルバッテリー、笛などを備えておくと安心。笛は、万が一、家具や家屋の下敷きになってしまった場合に、いち早く発見してもらうためのアイテムです。

！ スリッパの用意がなければ洋服で代用を

布団や枕などで身を守ったものの、周囲にガラスが飛散していたら素早く行動はできません。そのためにスニーカーなどの備えが必要なのですが、ない場合は厚手の洋服を足に巻きつけてスリッパとして代用するのも手です。

阪神・淡路大震災のとき、大きな揺れで飛び起き、とっさに部屋の真ん中へ行き、当時小学生だった息子に覆い被さって布団をかけ、ひたすら揺れがおさまるのを待ちました。揺れている間はまったく何もできないことを実感した瞬間でした。

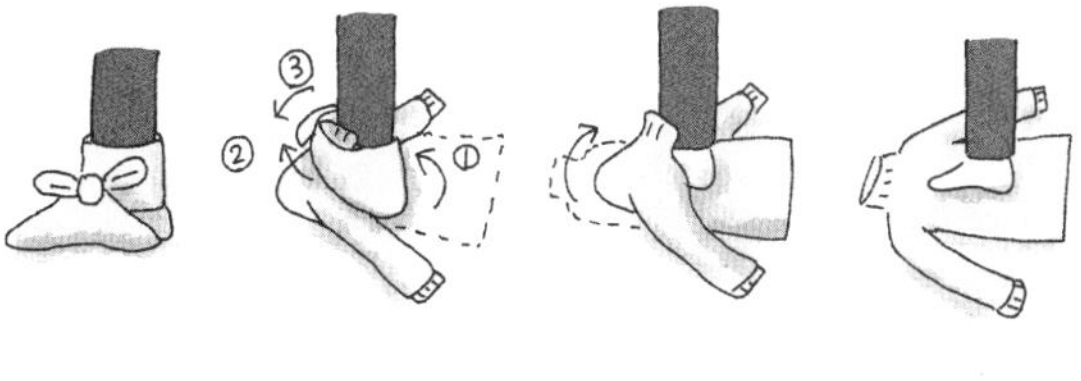

地震

マンションの高層階にいたら

新しくて耐震性《たいしんせい》の高いマンションの場合は、むやみに外に出て二次災害に遭うより、自宅で避難していることが安全な場合もあります。同じフロアの人たちと情報交換を。

落下物の少ない廊下や玄関で揺れがおさまるのを待つ

マンションは上層階に行けば行くほど、下層階に比べて大きく揺れます。たとえば、９階建てマンションの地表面に震度６弱の力が加わった場合、８～９階では震度７弱に相当する揺れに。家具は倒れ、窓ガラスが割れることも想定されます。

まずは、とにかく「頭を守る」こと。比較的落下物が少ない廊下や玄関などで揺れがおさまるのを待ち、避難路を確保するために玄関ドアを開けましょう。

備え

1981年以前のマンションは慎重に

1階が駐車場のマンション（ピロティ形式）は壁量が少なく、横揺れに弱いといわれています。また、1981年以前に建てられたものは新耐震基準を満たしていないので、耐震補強が必要となります。どういう構造なのか、いつ建てられたのかを、家選びのときは必ず確認しましょう。

！ エレベーターは絶対に使わない

地震によって揺れを感知したり、停電になるとエレベーターは止まってしまうので、高層階にいて大変だとしても、避難するときは階段を使いましょう。もしエレベーターに乗っていても、揺れを検知すると反応する「地震時管制装置」がついていれば、自動的に最寄《もよ》りの階に停止するので、そこで必ず降りてください。装置がついていなければ、すべての階のボタンを押し、停止した階で外に出ましょう。

万が一閉じ込められてしまったら、インターホンや非常電話で外部と連絡をとるようにします。天井の非常口などから勝手に脱出したり、扉を無理に開けようとしたりしないこと。停電しても、すぐに非常用バッテリーが起動して非常用照明が点灯するので、焦らずに外部と連絡をとり続けましょう。

通電火災の怖さは、地震とは時間差で起こること。避難して人がいない家で出火します。停電の際に電気ストーブが消えていても、そこにタオルやカーテンなど可燃物が落ちると、停電が復旧してストーブに通電してから火事になりやすいのです。家や周囲に人がいないので、発見も初期消火も遅れてしまいます。

屋外にいたら

屋外で地震に遭うと、つい他の人の行動に流されてしまいます。同じ方向に逃げれば人が殺到して逃げ遅れることも。どこへ避難するのが安全なのか、自分なりに判断をしましょう。

外は落下物と危険物の嵐。とにもかくにも頭を守る！

備えのしようがない屋外での地震。基本的にはどこにいても最優先すべきは、とにかく自分の身を守ることです。理想的なのは、グラウンドのように何も障害物がない場所に避難すること。しかし近くにない場合もあるので、まずはバッグなどで頭を守りながら、ガラスや古い建物、自動販売機、看板などから離れるようにしましょう。大きな揺れでハンドルをとられた車にも注意が必要です。

危険物が多い住宅街にいたら

ブロック塀、自動販売機、電信柱からすぐに離れましょう。2018年、大阪府北部地震でブロック塀が倒壊し、小学生が下敷きになってしまったという痛ましい事故がありました。一見頑丈に見える自動販売機の陰に隠れるのも危険。特に古い自動販売機は、土台が固定されていない場合もあるので、倒れる可能性があります。また、倒れた電信柱の電線に触れると、感電する可能性があるので近づかないようにしましょう。自転車に乗っていたら、慌てて逃げず、降りて避難すること。

繁華街や繁華街の小道にいたら

雑居ビルなどの中にいたら、揺れがおさまってから外に避難します。その際、ネオンサインや看板の落下から頭部を守り、垂れ下がる電線にも絶対に触らないこと。建物では必ず階段で避難しましょう。8階以上の雑居ビルでは中間階の柱が折れる可能性があるので、揺れがおさまったら速やかに外に避難します。

また、小道が入り組んだ繁華街で大きな揺れを感じたら、慌てて大通りに出ようとせず、止まっている車の横で低い姿勢をとったり、地面に身を伏せたりして体を安定させましょう。

寺では瓦の落下や墓石の転倒に注意を

神社では灯篭《とうろう》や狛犬《こまいぬ》、鳥居、社殿《しゃでん》からは離れましょう。寺の場合は柱や壁が少なく、また、瓦屋根が重いため崩れやすいので注意が必要です。また、墓石も倒れやすいので、離れて身を守るようにしましょう。

地震

電車やバスの中にいたら

地震が起こると、安全確認に時間がかかり、復旧までの間、駅は大混乱に陥ってしまうことも。大勢の人が押し寄せて起こる「群衆なだれ」はとても危険。駅に滞留《たいりゅう》しないこと。

人の重みは凶器になる。倒れないようにつり革を

電車やバスに乗車中に大地震が発生すると、危険回避のため急ブレーキがかかります。人の重みが多数かかると凶器になることも。スマホから緊急地震速報が聞こえたら、立っている場合は、転倒しないよう手すりやつり革をしっかり握って踏ん張ること。座っている場合は、バッグなどで頭を守り、姿勢を低くします。避難は揺れがおさまってから。勝手に線路に降りると、高圧電流により感電する恐れがあります。

駅のホームだったら 低い姿勢で体を安定させる

耐震工事が進んでいる駅は多くあるので、駅自体が倒壊する可能性は低いのですが、案内板のパネルや天井などが落下することはあります。大阪府北部地震でも、数キログラム以上の駅名板や電光掲示板の落下が確認されています。もしこれが頭に当たれば大ケガ、もしくは命を落としかねません。駅構内にいたら、ベンチにつかまって低い姿勢になり、体を安定させて壁側に近づくようにしましょう。ホーム上の自動販売機は、転倒する可能性があるので近寄らないように！

地下鉄では 先頭か最後尾車両に移動する

地下鉄に乗車中、揺れている間は、自分の身を守るべく手すりやつり革につかまったり、姿勢を低くするのは電車やバスの乗車時と同じです。揺れがおさまって車両内がすいているようなら、先頭か最後尾の車両に移動するようにしましょう。地下鉄の場合は、非常脱出タラップといわれる非常口が先頭と最後尾の車両に設置されています。

電車の場合は、赤色の非常用ドアコックが扉付近についています。バスは、基本的に乗車口とは対向側に非常出口がついています。

閉じ込められた車内では 換気を忘れずに

満員電車に閉じ込められてしまうと、そこは密室。換気が悪くて気分が悪くなる人も出てきます。地震を感知して送電が停止してしまうと、車内空調も停止します。車内には固定式で開けられない窓もありますが、一部、換気用に開閉できるようになっているので、乗客同士で声をかけ合い、窓を開けて換気するようにしましょう。

地震

屋内施設にいたら

同じ場所にいる他の人の行動につられがちなのが公の場所。他の人が避難していないからといって、自分だけが避難するのが恥ずかしいと思わず、揺れを感じたら自分の身を守る行動を。

壁際から離れ、低い姿勢になる

自宅と違って、不特定多数の人が利用する図書館や美術館、ショッピングモールなどの屋内施設にいる場合は、自宅のようにテーブルや机があるとも限りません。それでも大きな揺れを感じたら、まず自分の身を守る方法を考えましょう。壁際にある書棚やキャスター、窓ガラスからは離れ、部屋の真ん中で低い姿勢になったり、ソファの脇で身をかがめたりして手やバッグで頭を覆い、揺れがおさまるのを待ちます。

映画館にいたら
まずは席にとどまる

映画館で地震に遭ったら、バッグなどで頭を覆って保護をし、座席の間で座席の背もたれより低くかがんで揺れがおさまるのを待ちます。揺れがおさまったら、緑色の非常口の方向へ避難。停電しても誘導灯や非常灯が必ずつくので、落ち着いて行動を。

パーティー会場では、割れた
食器やグラス、照明に注意

結婚式や謝恩会などの着席スタイルや広い会場での立食スタイル、和《わ》宴《えん》会場でのお座敷スタイルなど、パーティーといってもスタイルはさまざま。共通しているのは、テーブルの上にお皿やグラスなどが多く並び、礼服や和服などフォーマルな服装が多く、ハイヒールや草《ぞう》履《り》を履いていたり、アルコールを飲んでいる人もいること。つまり、とっさの行動がとりにくい条件がそろっています。

この状況で地震が起こると、テーブルの上のお皿やグラスは落ちて割れます。宴会場では天井に大きなシャンデリアがある場合もあり、落下の恐れも。揺れている間に無理に逃げようとすると、転倒しかねません。まずは、身をかがめてイスの腰かけ部分を両手でつかむ、テーブルの下に入ってその足を強くつかむこと。和装だと動きづらく、かがみづらいので、テーブルの下に転がり込んで自分の体を守りましょう。

ホテルの
客室にいたら

慌てて外に出ようとせず、まずはテーブルの下か、布団やクッションなどを被って身を守りましょう。ホテルには必ず非常口があり、チェックインの際に場所の説明があります。部屋に入るときに、必ず非常口の位置を確認しておきましょう。

地震

買い物中だったら

売り物で自分の身を守ってもいいのかな……と戸惑うかもしれませんが、そんなことは言っていられません。陳列棚から離れて、クッション性のあるもので頭を守りましょう。

陳《ちん》列《れつ》棚《だな》から離れて頭を真っ先に守る

スーパーやデパート、ショッピングモール、路面店、商店街など買い物をする場所はさまざまですが、お店には数多くのものが並んでいて、陳列棚が倒れてくる可能性もあります。慌てて逃げず、陳列棚から離れ、買い物かごや、おむつ、クッション類などで頭を守り、低い姿勢になります。揺れがおさまったら、店員の指示に従って行動すること。慌てて出口に殺到すると、パニックが発生する危険があります。

商店街にいたら

商店街は昔から地元の人たちに愛されているお店も多く、新旧店舗が入り混じっています。古い建物は耐震性が低い場合も多いので、倒壊の恐れがあります。古い建物から離れ、街路樹があれば抱きついたり、新しいビルがあればそこに入ったりして避難を。ただし飲食店が多く入ったビルは、火事になる可能性があるので入らないように。

エスカレーターは将棋倒しになる可能性がある

我先にと逃げたいのはみんな同じです。そこで人が集中しがちなのがエスカレーター。すり抜けざまに他の利用者と接触して転倒するなど、大きな事故を起こすことがあります。ひとつのステップに１人ずつ乗るのが基本ですが、大勢が詰めかけたり、停電で急停止したりすると将棋倒しになることもあり、相当危険です。避難するときは、エレベーターと同様エスカレーターも使わず、階段で下りるようにしましょう。

ベビーカーから抱き上げず、横から支える

ベビーカーは自由自在に方向転換をしやすいように、前輪が３６０度回転するタイプのものも多くあります。スムーズに動くぶん、地震が起こると、不安定な走行をする危険があります。それを防ぐため、ベビーカーは横から支えるのがいいでしょう。

また子どもの頭上にあるシートは、日よけのためにあります。落下物から子どもの頭を守るほどの強度がないので、タオルや毛布、おむつなどを頭上において頭を守るようにしましょう。揺れがおさまったら、赤ちゃんは抱っこひもで移動を。ベビーカーは段差などに弱いので危険です。

地震

地下街にいたら

地下街は飲食店が多い場合もあり、二次災害として火災が起こる可能性が高い場所。どこからでもいいからと逃げようとせず、非常口を確認して安全に逃げることがポイント。

地下街は停電やガス漏れ、火災の危険がある

一般的に、地下は地上よりも揺れが小さいため比較的安全だといわれていますが、停電やガス漏れ、火災などの心配があります。だからといって、慌てふためいてパニック状態になり、地上へと向かうのは危険。天井や照明器具、看板などのパネルが落下する可能性があるので、バッグで頭を覆って低い姿勢になり、揺れがおさまるのを待ちます。地下街には必ず非常口の誘導灯があるので確認をしましょう。

停電になってしまっても焦らない

停電になっても非常灯が点灯し、通路などの誘導灯は内臓されたバッテリーによって点灯します。地下街には60メートルおきに非常出口があるので、最寄りの非常口がいっぱいでも、また60メートル歩けば次の非常口があります。

自走式の立体駐車場のスロープ部分は危険！

自走式の立体駐車場は、倒壊する可能性は低いものの、スロープ部分は別。構造的に不安定なところもあります。スロープ部分を走行しているときに揺れを感じたら、いちばん近い階に入りましょう。ちなみに2011年の東日本大震災では、大型スーパーの立体駐車場のスロープが崩落して2名亡くなっています。

火災が起きたら煙から喉を守る

地震と火災は隣り合わせ。特に地下街は飲食店が多いので火災の危険性が高い場所です。火災でもっとも怖いのは煙です。煙は空気よりも軽く、天井へと上がり、時間とともに壁をつたって下降してきます。通路や室内に煙が充満し始めたら、濡らしたハンカチなどで鼻と口を覆いつつ、低い姿勢で揺れがおさまるのを待ってから避難をしましょう。這うような姿勢で移動し、できるだけ煙を吸わないこと。

慌てて地上に向かうのは厳禁。災害時、地下のような閉ざされた空間でもっとも注意したいのは、パニックに陥ることです。非常口がある場合、多くの人がそこに殺到し、惨事《さんじ》を引き起こすことになりかねません。地下は比較的安全な空間ですから、落ち着いて避難しましょう。

会社にいたら

通勤中に地震が発生したら、出社すべきか迷うところ。交通機関がマヒしていれば、従業員はそろわない、取引先は来られないなどほとんど仕事にならないので、自宅待機が賢明。

大量の書類やオフィス機器から身を守る

書類やコピー機などのオフィス機器が多く煩雑《はんざつ》なオフィスは、これらが落下してきたり、倒れてきたりしてケガをすることがあります。まずは体と頭を守ることです。窓際や書類棚から離れ、机の下にもぐり込んで身を守ること。また、支給されたヘルメットがあれば即座に被り、なければパイプイスなどで頭を守ります。ものが少ない廊下や通路に出てもいいでしょう。ただし窓ガラスの近くには近づかないこと。

備え

ロッカーに靴や上着などを置いておくと便利

震災に備えて会社のロッカーにスニーカーを置いているという人も多いのではないでしょうか。ヒールの高い靴や革靴よりも安全で歩きやすいスニーカーは、あるととても便利。他にも動きやすい上着、ラジオ、コンパス、リュックサックなどを置いておきましょう。

ラジオは情報収集するための優秀なアイテムです。テレビを見られない環境や、携帯電話のバッテリーが気になるときに有効です。また、会社がオフィス街にあり、周囲が高層ビル群で道に迷いそうなときに活躍してくれるのがコンパス。方向感覚を失わずに目的地に向かうことができます。そして、避難時にはリュックサックを活用しましょう。両手を使えるようにしておくことが重要です。

！ 揺れがおさまったら火の元を確認

ガスの給湯器は、強い揺れを感知するとマイコンメーターが遮断されて使えなくなります。ただし、避難するときは余震に備えて、ガスの元栓を締めましょう。ガス湯沸かし器などのスイッチを切るなど、火の元の確認を忘れずに。二次災害となる火災を防ぐことにもつながります。

！ 高層階のオフィスからも階段を使って避難を

超高層ビルの30階、40階といった高層階にオフィスがある場合もあります。急いでビルから出ようと思うとついエレベーターを使いたくなってしまいますが、どんなに高層であっても、階段で避難すること。震度5を超す大きな揺れを検知すると、エレベーターは止まってしまいます。

帰宅困難者になったら

平常時の人の歩く速度は時速4km/hです。長時間歩ける靴ではなかったり、不慣れな道に迷っていたりしては疲れるだけ。災害時は、闇雲《やみくも》に帰ろうとしないことが自分のため。

無茶な帰宅は救助活動の妨《さまた》げにもなる

誰もが自宅に帰りたいという気持ちはありますが、むやみに移動せず、状況を確認することです。なんとかタクシーに乗れたとしても緊急車両や消防車が通れず、救助や救命活動の妨げになります。また余震の恐れもあるうえ、飛散したガラスなどでのケガのリスクもあります。家族の安否を確認したら、できるだけ滞留を。公共施設やガソリンスタンドなど、災害時帰宅支援ステーションも利用するようにしましょう。

備え

自分の体力を過信せず歩ける距離を知っておく

混乱がおさまって安全が確認できても、交通機関が復旧していない場合、徒歩帰宅をすることがあります。そういったときに備えて、自分は何キロくらい歩けるのかをあらかじめ知っておけば、歩いて帰宅するかどうかの判断ができます。また徒歩帰宅の場合、スニーカー、飲料水、携帯食品、懐中電灯、携帯ラジオ、地図、マスク、タオルを持っておくと便利です。

！ 寒さを防ぐにはポリ袋や新聞紙を活用

地震は季節問わず襲ってきますので、暑さや寒さをどうしのぐかを知っておくといいでしょう。

寒い場合、ポリ袋や新聞紙が活躍します。45リットルのポリ袋の左右と底の部分に穴をあけて被り、腕と頭を通して風を防ぎます。新聞紙は、体に巻くことで体温を維持することができます。また首、手首、足首を温めて体温を保持することも大切です。

暑い場合、タオルや帽子で頭を覆って直射日光を避《よ》け、水分は積極的にとること。歩き慣れていない人は、ふくらはぎや太ももなどこまめにストレッチをすると疲労軽減につながります。

！ 家族の安否《あんぴ》を知るための災害用伝言サービス

地震によって電話がつながりにくい場合は、電話やインターネットによる災害用伝言サービスの活用を。電話は１７１にダイヤルするとメッセージを録音もしくは再生でき、インターネットの場合は「ｗｅｂ１７１」にアクセスして電話番号を入力すると伝言の登録や情報の確認ができます。

地震

埋立地にいたら

東日本大震災で液状化の被害が大きかった千葉県浦安市は、面積の75%が埋立地。全世帯の46%にあたる3万3000戸で上水道が断水。下水道は最大時1万2000戸が使用できず。

液状化現象によって家や道路が変形

埋立地とは、もともと海や川、湖などを埋め立ててつくった陸地のこと。水を多く含んでいて、地震の際に液体のように吹き出す液状化現象が起こりやすくなります。東日本大震災時、千葉県浦安市の埋め立て地域で大規模な液状化現象が起こったことがニュースになりました。

埋立地で地震が起こったら、戸建ての場合、窓際やベランダ、玄関の段差、外ではマンホールの周辺から離れて避難しましょう。

「沢」や「谷」がつく地名は液状化現象の可能性が

「沢」や「谷」がつく地名はかつて水辺だったことを表している地域で、地盤が脆弱《ぜいじゃく》である場合が多いと考えられています。たとえば東京には溜池山王《ためいけさんのう》という地名がありますが、まさに溜池がかつてあった土地。こういう地域は液状化現象が起こる可能性が高いといわれています。

液状化現象による段差に注意

液状化現象によってさまざまな不具合が出ます。住宅でいえば地盤の沈下や局部的な陥没《かんぼつ》が発生します。建物が傾いたり、基礎や壁、屋根、梁《はり》が変形したり移動することがあります。また、家が傾くことで平衡感覚を失い、

めまいや吐き気など健康に影響が出るケースも。上下水道も使用できなくなり、水道やトイレが使えないといった不便な事態も起こります。

道路ではマンホールが突き出したり、橋の入り口などの道路のつなぎ目に大きな段差ができたりするので、車は通行不能。自転車はパンクや転倒の恐れがあるので、乗らないようにしましょう。

液状化被害は保険の補償の対象

自然災害による液状化現象で、家が傾いてしまったり、玄関前に段差ができてしまったりという被害が生じた場合、地震保険に入っていれば補償の対象になります。しかし被害の程度によって額が異なりますので、まずは保険会社に連絡をして相談を。「全壊」「大規模半壊」「半壊」「一部損壊」によって異なるので、まず自治体の調査員に判定してもらいましょう。

地震

車の運転中だったら

夜間、運転中に地震に遭ったら減速を。その後安全な場所に停車できたら、三角表示板を車体の後ろに置きましょう。衝突される危険を回避できます。

急ブレーキ、急ハンドルを避けて停車する

スピードを落とし、ハザードランプを点灯させて路肩に停車させ、揺れがおさまるのを待ちましょう。停止したら、ラジオで交通情報を収集。引き続き車を運転するときは、道路の損壊や信号機の作動停止、道路上の障害物に注意しなければなりません。車を置いて避難するときはエンジンを切り、他の人が動かせるようにキーをつけたままに。ドアはロックせず、連絡先のメモなどを残して貴重品と車検証を持って出ます。

運転中に予想される危険

歩いているときと違って、身軽に移動できない運転中はさまざまな危険が潜《ひそ》んでいます。道路のがれきや倒れた木、信号機などが障害になって走行できなくなります。また、徐行したり、停止したりする車で大渋滞のうえ、徒歩で避難する人が道にあふれます。さらには停電によって信号機や街灯が消え、大混乱を招きかねません。阪神・淡路大震災時には、コンクリート橋が破壊、崩壊しました。

写真提供：神戸市

トンネルにいたら火災の心配もある

短い橋、トンネルなら速やかに通過。長いトンネルなら左に寄せて停車をし、出口に近い方向へ脱出しましょう。万が一トンネル内で火災が発生したら、トンネル内に非常電話があるので通報を。携帯電話からかける場合は、「＃９９１０」へ。緑色の誘導灯を目印にしてトンネルから出ます。

車中泊を余《よ》儀《ぎ》なくされたら

地震で車を停車させたものの、目的地からも遠い、渋滞もひどい、外は寒く身動きがとれないといったことも考えられます。また、避難場所が確保できないケースもあり、車中泊を余儀なくされることもあるでしょう。車中泊で心配なのはエコノミークラス症候群。最悪の場合は死に至ることもあります。

軽い体操やストレッチ運動を行う、ふくらはぎをもむ、こまめに水分をとる、眠るときは足を上げるなど、十分に注意しましょう。

地震

山にいたら

突然の地震で下山できなくなることもあります。そのためにも登山届けを出し、家族に行き先を伝えておくこと。発見が早く、救助してもらえる確率が格段に高くなります。

滑落《かつらく》に注意しながら低い姿勢で避難する

山で地震に遭ったら、足元が不安定な狭い登山道や崖から転落しないように低い姿勢になるか、大きくてしっかりと根が張った木にしがみつき、揺れがおさまるのを待ちましょう。地震によって山は地盤がゆるみやすく、落石やがけ崩れの危険が予想されます。そういったリスクの高い急傾斜地やがけには近づかないことです。揺れがおさまったからといって登山を続けずに、急斜面ではない安全なルートで下山すること。

林道などを車で走っていたら

落石注意

山道を車で走っている場合、大きな揺れによって道路が陥没していたり、落石によって通れなくなっていたりする場合があります。山道で車が通行不能となった場合、長距離を歩かざるを得ません。揺れている間はその場にとどまりますが、揺れがおさまったらラジオで情報を聞くなどしてできるだけ早く街に引き返すようにしましょう。その際、「落石注意」の標識がある斜面下では、特に注意すること。

野山では耳をすませて前兆現象を

険しい山奥ではなく、土壌が肥沃《ひよく》で集落がある里山周辺では、ゆるやかな斜面がずれ動くがけ崩れが起こります。その前兆として小石や岩がパラパラと斜面を転げ落ちてきたり、斜面の樹木がざわざわと揺れたり、低い地鳴りが聞こえたりといったことがあります。耳をすませて、明らかに聞き慣れない自然現象による音が聞こえたら、避難を急ぎましょう。

渓谷《けいこく》で「山津波」が発生すると危険

地震による山崩れによって生ずる土石流を「山津波」といいます。津波が押し寄せてくるように大量の土砂が一気に押し寄せる恐ろしい現象。大量の土砂や岩のかけらを含んだ濁流《だくりゅう》が山腹《さんぷく》などを削って流動します。山津波が起こったとき、渓谷にいたらとにかく山から出ようとして下流に逃げてはいけません。押し寄せる土砂に飲み込まれてしまいます。この場合、横方向に逃げることが重要です。

海岸近くにいたら

恐ろしい速さで襲ってくる津波から逃げるとき、家財などを持っていこうとしないこと。通帳と印鑑と携帯電話と……と探している間に波に飲まれてしまいます。

地震発生と同時に津波を警戒して避難を

地震発生時に海岸近くにいる場合、考えられる危険は津波です。地震発生後3分を目安に津波情報が発信されますが、3分後に巨大津波が到達していたケースもあります。津波の恐れがあるときは、急いで高台に逃げるか、5階以上の高い建物に避難しましょう。津波は第一波の後、さらに高い波がくる可能性があるので、波が引いても絶対に戻らず、しばらくは安全な場所で様子を見ましょう。

！津波の危険な地域には標識がある

津波の危険がある地域では対策が練られていて、それを示す標識があります。「津波避難ビル」は、津波に対して安全な避難場所（津波避難ビル）であること。「津波避難場所」も、高台にあって津波に対して安全な避難場所であることを表しています。「津波注意」は、地震が起きた場合、津波が襲ってくる危険がある地域にあります。普段から「津波避難ビル」や「津波避難場所」がどこなのか確認しておきましょう。

津波注意

津波避難場所

津波避難ビル

！津波がきたときは車は乗り捨てて！

鉄の塊《かたまり》でもある車は、津波や大雨の場合、車輪が水没してしまうとあっけないくらい無力です。車体が浮いてしまったり、ドアが開かなくなったり……。そうなる前に車から出て逃げること。道には家屋や電柱、塀や自動販売機などが倒れて道をふさいだり、走って逃げる人たちで細い道は混み合って大渋滞となり、結局逃げ遅れるということになりかねません。

東日本大震災のとき、宮城県石巻市の大川小学校を襲った津波のニュースが話題となりました。北上川の河口から4キロ上流にあり、地域住民はここを避難場所とも考えていたそうです。

津波に飲まれてしまった大川小学校。

地震

要配慮者と一緒にいたら

東日本大震災で亡くなった人の6割以上が60歳以上の高齢者でした。障がいのある人の死亡率は住民全体の約2倍。それだけ要配慮者との避難は重要なのです。

配慮が必要な人を避難させるには複数人で

地震のとき、必ずしも身軽に動ける人とだけ一緒にいるわけではありません。幼児やお年寄り、足腰が不自由な人と一緒の場合もあるはず。基本は揺れている間は動かないこと。揺れがおさまって避難するときは近所の人などに声をかけ、複数で対応すること。力に自信があるからといって1人で担《かつ》いでは、かえって時間がかかるので、両側から支えるように。幼児の場合はベビーカーを使わず、抱っこひもを活用しましょう。

大人を運ぶときは イスを使うのも手

足をケガしてしまったり、歩けない人と一緒に避難する場合はイスを使うと便利です。通路などが広ければ、要配慮者をイスに座らせて左右から抱え上げる方法があります。マンションの階段のように踊り場でコンパクトに曲がらなければならないときは、イスの前後に運ぶ人がつきます。

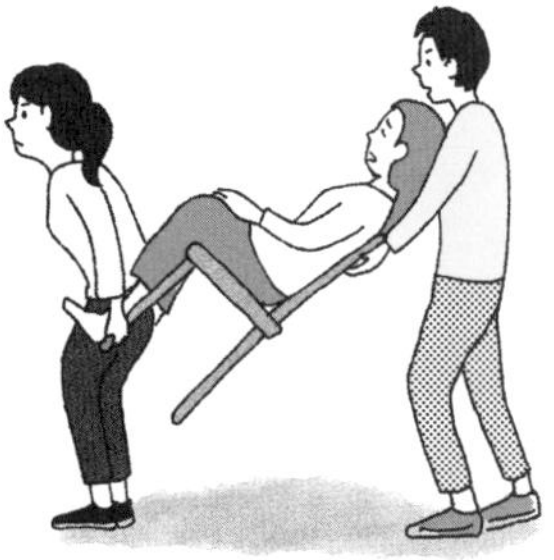

障がいのある人には 状況を伝えて一緒に避難する

高齢者で歩けたとしても、登り坂ではスタスタとは歩けない人もいるでしょう。そんなときは、腰のあたりに手を添えて後ろから軽く押してあげましょう。少しはラクに登れるはずです。

視覚障がい者の場合は、まず声をかけてひじをつかんでもらうようにします。絶対に離れないように、足元に気をつけながら避難しましょう。

聴覚障がい者の場合は、身振り手振りで伝えたり、ゆっくり大きく口を開けて伝えたり、手のひらに文字を書いて状況を伝えます。

車イスの場合は、段差に注意しなければいけません。後部のステッピングバーを踏み、ハンドグリップを両手で下げ、前輪を上げて段差を越えるようにします。

地震

がれきの下敷きになったら

下敷きになると水分も食糧も補給できません。そのうえ、冬なら低体温症、夏なら熱中症、腕や太ももが圧迫されればクラッシュシンドロームと、非常にリスクの高い状態に。

最小限の体力で自分の生存を伝える

大きな地震が発生すると、家具や家屋の下敷きになってしまうことがあります。自力脱出が不可能な場合、倒壊したものを動かそうとせず、まず周りにいる人に、自分が生存していることを知らせること。ただし、大きな声で叫ぶと体力を消耗《しょうもう》します。木切れや棒、コンクリートの破片などを見つけて何かを叩き、音を出すようにします。手に届くもので人工的な音を出し、発見してもらいやすくしましょう。

倒壊した建物に人が閉じ込められたら

閉じ込められている人の存在に気づいていることと、救助活動をしていることを伝えましょう。相手から反応がなくても呼びかけを止めないこと。呼びかけが止まってしまうと、救助活動が終了してしまったのかと急に不安感に襲われてしまいます。救助がなかなか来ないからといって、がれきをむやみに動かしてはいけません。不用意に動かしてしまうことで一気に崩れかねません。

屋根瓦の落下に注意

大きな揺れによって落ちてしまう屋根瓦もあれば、不安定なまま屋根に乗っているだけという状態の屋根瓦もあります。こうした屋根瓦は余震や雨風によって落ちてくる可能性があるので、屋根の下は絶対に歩かないこと。屋根瓦が不安定な状態なので、屋根に乗って落とすことも危険です。

がれきからの救出後、クラッシュシンドロームに注意を

がれきや家具の下敷きになってしまった状態から救出されたものの、体調が急激に悪くなることがあります。その原因のひとつとして「クラッシュシンドローム」が考えられます。腰や腕に重いものがのしかかった状態で長時間経過すると、圧迫され続けた部分の細胞が壊死《えし》します。圧迫から解放されて大量のカリウムが血中に混ざると、毒性の高い物質が蓄積されて一気に全身へと回り、心臓や腎臓の機能を低下させて突然死を招きかねません。圧迫されて2時間以上経過した場合にこの症状が出やすくなります。そういう場合はむやみに助け出さずに、救急隊員やレスキュー隊員に連絡をして任せましょう。

地震コラム

今さら聞けない地震にまつわるキーワード

日本は世界的に見ても地震が多い国のひとつです。
ニュースでは見聞きするものの、
わかっているようでわかっていない地震の用語を解説します。

地震の種類と特徴

津波の被害もある「プレート型」、局所的に激しく揺れる「直下型」

地震には2つのタイプがあり、そのひとつが「プレート型（海溝型）」。東北地方太平洋沖地震（東日本大震災）がその代表例です。

日本列島がのっている大陸側のプレートの下に海側のプレートがもぐり込もうとするために、その境目に歪《ひず》みが生じ、それが限界に達すると跳ね返って地震を引き起こします。海側のプレートが跳ね返るために、大きな津波を伴う場合が多いのが特徴です。

もうひとつが「直下型」。兵庫県南部地震（阪神・淡路大震災）、熊本地震などが代表例です。海側のプレートが動くことによって、大陸側のプレート内部に蓄積された歪み（活断層）がずれて起こる地震。ピンポイントで激しい揺れを伴うため、家屋の倒壊や火災など大きな被害をもたらします。

【プレート型地震】

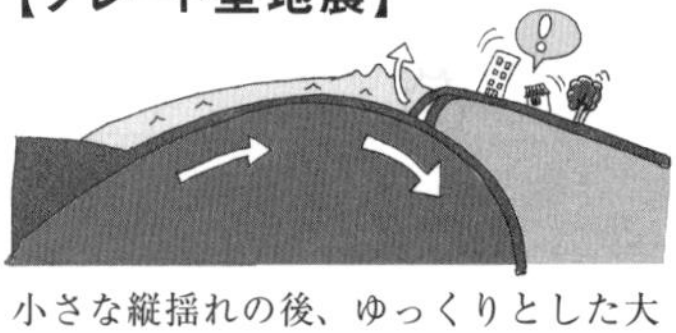

小さな縦揺れの後、ゆっくりとした大きな縦揺れが長く続き、日本各地の広範囲にわたる地震。

【直下型地震】

下から突き上げるようないきなり大きな縦揺れが特徴。比較的短い時間でおさまり、狭い範囲でしか揺れない。

震度とマグニチュードの違い

「震度」は揺れの大きさ、「マグニチュード」は地震そのものの大きさ

「震度」と「マグニチュード」はよく聞くワードではあるものの、明確な違いはわからないという人も多いのではないでしょうか。

地面の内部で地震が発生し、その振動が地面を伝わったときにはじめて私たちは「揺れ」を感じます。このように感じる「揺れの大きさ」と「地震そのものの大きさ」はそれぞれ表現が違い、「震度」と「マグニチュード」で表します。

「震度」は揺れの大きさを表す数値。気象庁は、震度の階級を0~7に分け、5は5弱と5強、6は6弱と6強に分けているため、震度は10段階に区分されています。

一方、「マグニチュード」は地震そのもの、地震のエネルギーの大きさを表します。震源地から出てくるエネルギーの大きさによって、マグニチュードの数字も大きくなります。

震度は揺れが伝わったエリアによって数値が異なりますが、マグニチュードはひとつの地震に対して、ひとつの数値のみ。2011年の東北地方太平洋沖地震は、マグニチュードは9・0で、最大震度は7でした。

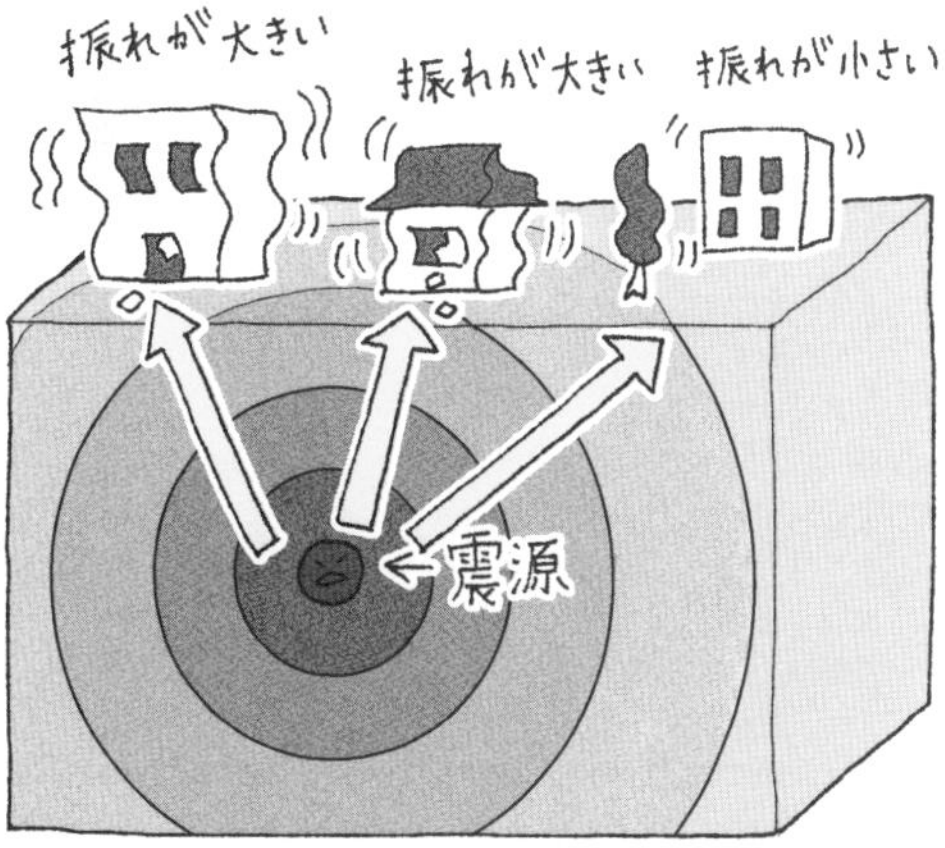

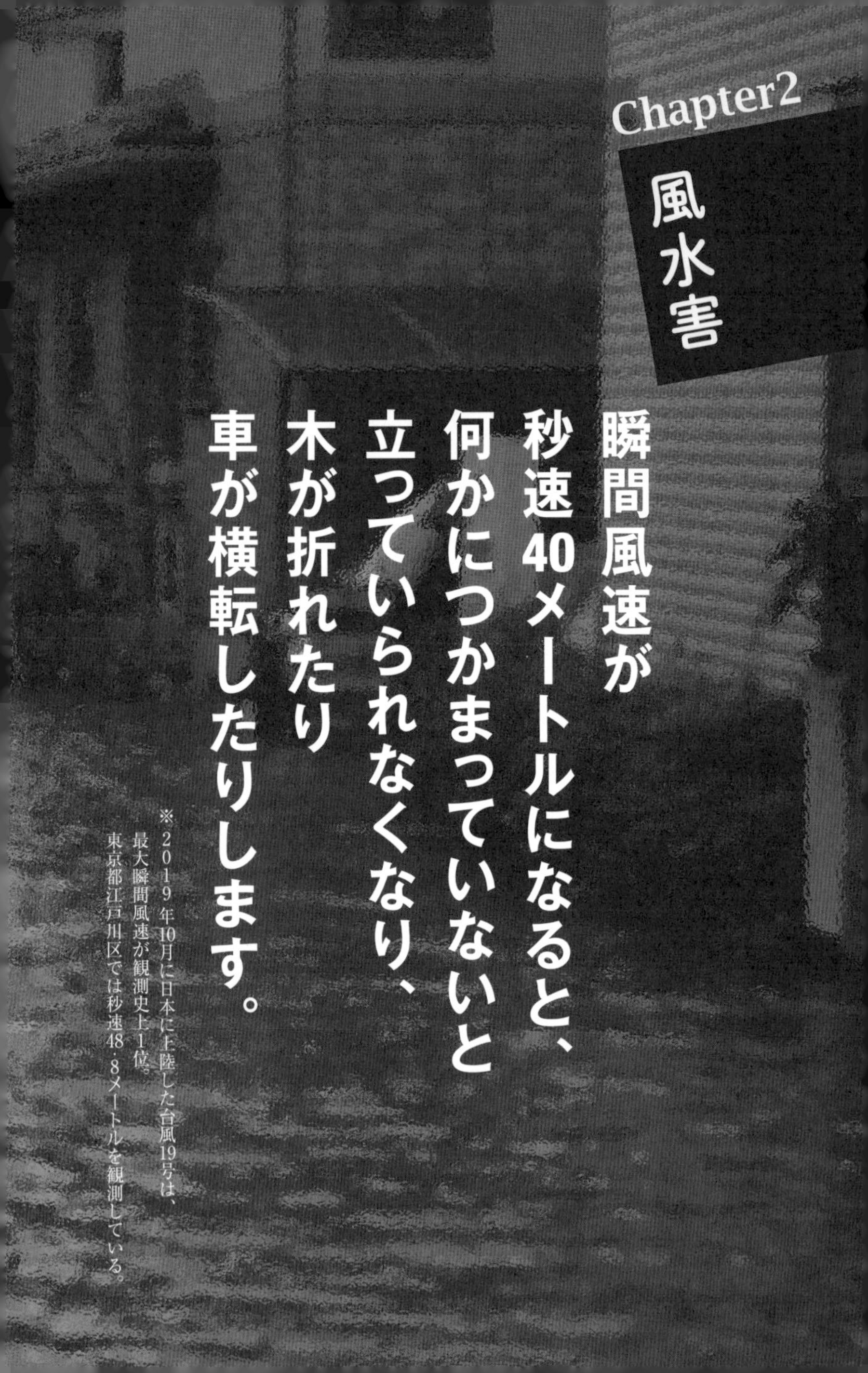

Chapter2

風水害

瞬間風速が
秒速40メートルになると、
何かにつかまっていないと
立っていられなくなり、
木が折れたり
車が横転したりします。

※２０１９年10月に日本に上陸した台風19号は、最大瞬間風速が観測史上１位。東京都江戸川区では秒速48・8メートルを観測している。

そのとき、
どうする？

運転中悪天候になったら

これくらいの冠水ならなんとか通り抜けられるかな……といった安易な考えは捨てて！　水がたまり始めている場所は、その油断が命取りになります。

スピードを落としてライトをつける

大雨や強風などの中での運転は、視界が悪く、前後の車や通行人が見づらいため危険です。こんなときはスピードを抑えて車間距離を十分にとり、ライトをつけて自分の車の存在を他の車や通行人に知らせるようにすること。また、横風が強いときは、衝撃に備えるとともにハンドルをとられないようにしっかり握りましょう。また無理に大型トラックを追い越さないこと。あおられて横転してしまいます。

報道されている雨量を知る

天気予報の「●ミリくらいの雨が降るでしょう」という情報で、どれくらいの人が雨量をイメージできるでしょうか。雨量の目安として、1時間に10～20ミリは雨音がうるさい程度。20～30ミリは土砂降り、30～50ミリはバケツをひっくり返したような雨、50～80ミリは滝のような雨、80ミリ以上は圧迫感と恐怖を感じる雨のことです。ちなみに気象庁が発表する激しい雨は30～50ミリ、猛烈な雨は80ミリ以上のことをいいます。

大きな水たまりと轍《わだち》を避けて運転をする

水のたまった道を車で走行中、タイヤと路面の間に水が入り込み、車が水の上をすべる状態になることをハイドロプレーニング現象といいます。これが起こるとタイヤと路面の接点がなくなってしまうため、方向転換したり停止したりすることができなくなり、パニックに陥ります。こんなとき、ハンドルは切らず、ブレーキは踏まず、サイドブレーキもかけてはいけません。何もしないことです。クラクションを鳴らし、周囲に危険を知らせましょう。

山が迫っている場所は横風に注意

発達した低気圧が近づいてきたら、強風に注意が必要です。強風により災害が発生する恐れがあると予想されたら「強風注意報」、暴風により重大な災害が発生する恐れがあると予想されたら「暴風警報」が発表されます。強風の吹きやすい場所は、山間部の谷間や山の切通《きりどお》しの終点、トンネルの出口や橋の上、防音壁の切れ目など。風で車があおられていると感じたら減速しましょう。

車が水没し始めたら

水没しても窓が開くうちは、シートベルトをはずして落ち着いて窓から脱出を。このとき、仰向けになって背中側から外に出ると、脱出しやすいです。

逃げるタイミングは水がタイヤの半分まできたら

水没すると、水圧でドアが開かなくなります。タイヤの半分まで水がきたら逃げること。マフラーの排気口から水が入ると、排気がうまく排出できなくなり、エンジンが停止。窓も開かなくなります。万が一車が水没してしまったとき、外との水位の差がなくなってくると、ドアにかかる水圧が小さくなり開きやすくなります。少しでも開いたら、両足で思いっきり押し開け、一気に脱出を！

備え

水没車からの脱出用にハンマーを常備

水没してしまったときのために、備えておきたいのがハンマーです。握り部を持ち、ドアガラスの隅を叩き、ヒビ割れが全体に広がったら、ハンマー先端部の溝を使って脱出用の穴を広げます。ハンマーの反対側には、シートベルトのカッターもあるので、シートベルトがはずれないときにも落ち着いて脱出できます。

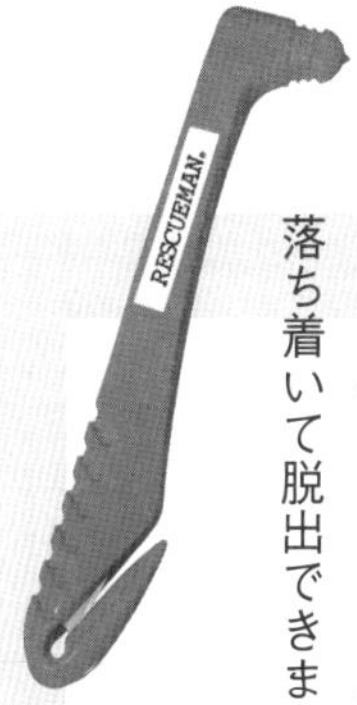

緊急脱出・救出ツール「レスキューマンⅢ」。いざというときにシートベルトを切れる特製カッターがついた、窓ガラスを割る救命ハンマー（丸愛産業株式会社）。

！ 水に浸かった車はエンジンをかけないこと

冠水や浸水してしまった車は、見た目は何の問題がなくても、自分では絶対にエンジンをかけないこと。エンジン内部への水の侵入や床にある電気系統が濡れたことにより、出火や爆発の危険があります。すぐにディーラーや整備工場、ＪＡＦなどのロードサービスに連絡をしてレッカー移動してもらい、点検をしてもらいましょう。特に高電圧のバッテリーを搭載《とうさい》しているハイブリッド車や電気自動車は、むやみに触らないこと。

！ 水没した車でも買い取ってもらえることが

水没車は、修理をするか廃車にするかの迷いどころですが、実は買い取りも可能な場合があります。フロアまで、クッション上部まで、ダッシュパネル上部までと水に浸かった程度によって減点の基準があるので、それをもとに金額が算出されます。中古車買取業者やディーラー、水没車などの専門業者に相談するのがいいでしょう。

大雨で道路が冠水したら

冠水時、歩行が可能な水位の目安はひざ下までです。もし水位が低くても水の勢いがある場合は動けなくなることもあるので、勢いよく水が流れてきたら高い場所へ避難を。

マンホール、用水路、河川、斜面には近づかない

避難所へ向かう途中、急激に雨が強く降り出してしまって道路が冠水した場合、注意したいのがマンホール。ふたがはずれたら、底なし沼状態に。落ちてしまったら大変なことになります。長い棒などで足元を確認しながら歩くようにしましょう。また河川、用水路、斜面に近づかないように注意を。冠水した道路は長靴では歩かないこと。水が入ってしまうと抜けづらく重くなります。動きやすい運動靴を履くこと。

備え

排水溝の掃除は日頃からしておく

大雨のときは、雨の排水を妨げないことが大切。排水溝にゴミや枯葉などが詰まって雨水が流れないと、道路の冠水や、家屋の浸水の原因になります。それを防ぐために日頃から排水溝や雨どいを定期的に掃除しておきましょう。また、豪雨のときはお風呂の水を流したり、洗濯をしたりするのは控えること。雨水に加えて家庭用排水が下水道管内に流れ込むと、水量が急激に増えて下水が行き場を失い、排水口から泥水が逆流してくる場合があります。

気象情報を知れば大雨の程度がわかる

ゲリラ豪雨が降る前は、急に黒い雲がふくれ上がって周りが暗くなり、雷鳴が聞こえたり、雷光が見えたりします。そして冷たい風が吹いたかと思うと、大粒の雨や雹が急激に降り出すという前兆現象があります。雲の異変に気づいたらまずは建物の中へ。

一方、台風などによる大雨の場合は、事前の気象情報を理解しておくことが命を守る行動につながります。

「注意報」は大雨、洪水、暴風によって災害が起こる恐れがある場合に発令されるので、避難準備情報に注意が必要です。「警報」は「注意報」より重大な災害が起こる恐れがある場合なので、速やかに避難を。「特別警報」は数十年に一度の大雨が予想され、浸水や土砂災害などの重大な災害が起こる恐れが高まった場合に、「土砂災害警戒情報」は大雨警報が発表されている状況で、土砂災害の発生の危険度がさらに高まった場合に発令されるので、ただちに安全な場所に避難しなくてはなりません。

家が浸水・冠水したら

水害による災害で家財が被害を受けたときに補償してくれるのは火災保険の水災補償です。台風、暴風雨、豪雨などによる洪水や高潮、土砂崩れ、落石などが対象。

汚水である冠水・浸水にはできるだけ触れない

家が浸水してきたら、ただちに上方向へ垂直避難をしましょう。流れてくる水は、下水並みに汚れていて雑菌がいっぱいなので、できるだけ浸からないこと。もし傷がある場合は、汚水によって傷を悪化させてしまう恐れもあります。２階があれば上がって避難をし、水が引くのを待ちましょう。屋根の上で救助を待つ場合は、足をすべらせて落下をしないように、屋根の棟《むね》をまたぐようにして座ります。

自宅にいて床上浸水してしまったら

水害の場合は垂直避難が基本です。戸建ての2階建て以上なら、1階が床上浸水した時点で2階以上へ移動しましょう。それでも危険を感じたら屋根の上で救助を求めます。鏡やアルミ箔、CDなどを反射させてシグナルを出しましょう。

2019年台風19号、茨城県のとあるお宅では、床上浸水したかと思ったら、30分も経たないうちに首まで浸かってしまったのだそう。それほどのスピードで浸水するので、床下浸水の時点で避難行動をとるべきですね。

2015年、常総市で鬼怒川の堤防が決壊した際に数百メートル流されてしまった家。

水が引いたら掃除と片付け、仕上げに消毒を

水が引いたら、家の周囲や床下などにある不要なものや、水が引いた後に残った汚泥《おでい》を片付けます。そして床上は雑巾などで泥や汚れを拭き取って、扇風機などでできるだけ乾燥させます。乾燥が十分でないと土台や柱脚《ちゅうきゃく》にカビが生えたり、腐ってしまったりすることがあります。

しかし、これで終わりではありません。泥や汚れを洗い流したら、消毒をして殺菌をしなくてはなりません。

屋内は逆性石けんの希釈液《きしゃくえき》で拭くか、散布しましょう。屋外はクレゾールの希釈液を散布して、床下には消石灰《しょうせっかい》の粉末をまきます。消毒液は自治体で配布していることもあるので問い合わせてみましょう。

土砂崩れが起こったら

土砂災害は早めの避難でしか防げない

土砂災害は残念ながら起こってから避難しても間に合いません。自分の住んでいる地域が土砂災害警戒区域、土砂災害特別警戒区域に指定されていないかを確認しましょう。大雨が降って土砂崩れの危険性がある場合は市区町村から避難勧告が発令されるので速やかに避難すること。指示がなくても、危険と感じたら早めの避難が命を救う行動につながります。避難が難しい場合は、がけから離れた2階以上の部屋へ移動を。

土砂災害には種類がある

土砂災害にはがけ崩れと地すべり、土石流の3種類があります。

がけ崩れは集中豪雨や地震によって急斜面が崩れ落ちてくること。突発的に起こり、崩れ落ちるスピードが速く、人家の近くで起こると逃げ遅れる人が出ます。前兆は斜面に割れ目が見えたり、斜面から湧き出る水が濁《にご》っていたり、異様な音や臭いがします。

地すべりは比較的ゆるやかな斜面で起こるのですが、粘土や泥岩《でいがん》などを含む地中のすべりやすい層の地盤が、地下水の影響によってゆっくりと動き出す現象のこと。一度に広い範囲で動くため、発生すると広範囲にわたって被害を及ぼすことになります。初期の現象としては斜面に亀裂《きれつ》が入ったり、水が湧き出たり、樹木や電柱が傾く、木がざわざわする、土煙《つちけむり》が発生するといったことがあります。

土石流は渓流にたまった土砂が大雨などによって下流に一気に押し流されること。時速20～40キロメートルと車並みの速さなので、人家や田畑などあっという間に押し流してしまいます。前兆は普段聞き慣れないような山鳴りなどや土地や木の葉が腐ったような臭いがします。

山の近くと同様に川の近くも危険

２０１９年の台風19号では、福島県の阿武隈《あぶくま》川や長野県の千曲《ちくま》川が決壊するなどの被害が相次ぎました。大雨によってそれぞれの河川によって決められている避難判断水位を超えると、「氾濫警戒情報」が出されます。これが出たら、避難勧告が出ていなくても対象地域の方は率先して避難しましょう。気になるからといって絶対に川に近づいてはいけません。

強風・竜巻

自宅で強風や竜巻に遭ったら

強風によって発生しやすい被害のひとつに停電があります。落下物や飛来物の対応も大切ですが、停電した場合の明かりの確保も同時に考えておくとよいでしょう。

ベランダのものは片付け、窓ガラスから離れる

ベランダに置いてある植木鉢、物干し竿《ざお》などは飛んだり、マンションだと落下する恐れがあるので、室内に入れましょう。また窓に養生《ようじょう》テープを貼って、割れたガラスが飛散しないようにカーテンを閉めます。竜巻の際は、できるだけ1階の窓の少ない部屋に移動し、テーブルの下にもぐって身を丸め、頭を守るようにします。竜巻で怖いのは、ガラスの破片などが飛んできてケガをすることです。

備え

ガラスの飛散を防ぐ養生テープの貼り方

強風や竜巻で危険なのは、ガラスが割れて飛び散ってしまうこと。それを最小限にするために、すぐにできる一時的な対策は、窓ガラスに養生テープを貼ることです。ガムテープに比べて養生テープのほうが粘着力が弱いので、強風や竜巻が過ぎ去った後に簡単にはがせます。もし、養生テープがなければ、窓ガラスにダンボールを当ててガムテープで貼ってもいいでしょう。また、最近ではホームセンターなどで、ガラス飛散防止フィルムなども売っています。

窓枠に沿って縦と横、十字と対角線に養生テープを貼ることで、飛散の被害を最小限に抑えられます。

！竜巻の発生する条件を知っておく

竜巻とは、直径数十メートルから数百メートルにもなる激しい渦巻で、被害は数キロに及びます。局所的に発生して、比較的短時間で消えるので、予想がしづらいうえに、発生する正確な原因が実は解明されていないのです。

ただし竜巻が発生しそうな気象条件はあります。真っ黒な雲が近づき、周囲が急に暗くなって雷鳴が聞こえたり、雷光が見えて冷たい風が吹き出したり、大粒の雹が降り出したりします。この段階で頑丈な建物に避難したほうがいいでしょう。その後、「ゴーッ」と音がして、渦がものを巻き上げるのが見えたり、耳に異常を感じたりすることがあります。

強風・竜巻

屋外で強風や竜巻に遭ったら

竜巻の被害に遭い、家の基礎ごと倒れて亡くなった方もいます。家の中が安全とはいえないのが竜巻の怖いところ。

建物の中や地下施設、物陰、くぼ地に避難

外にいる場合に怖いのが、飛来物や落下物に当たってケガをすることです。突風や飛来物、落下物から身を守るために、強風や竜巻の予兆があったら、すぐに頑丈なビルやビルとビルの間の陰、地下施設に逃げ込むこと。もしなければ物陰やくぼ地で低い姿勢になり、竜巻が通過するのを待つことです。建物にシャッターがあるところは下ろしましょう。大きな木や電柱であっても倒れることがあるので近づかないこと。

竜巻は季節問わずどこでも発生

ここ何年かで竜巻が増えているという統計はありませんが、2007～2017年の統計では年間平均約55件（海上竜巻を含む）の竜巻が確認されています。季節は問いませんが、比較的台風シーズンである9月に多く、寒冷前線や低気圧などとともに確認されています。

　また沿岸部に多いのも特徴です。天気予報で「雷を伴う」や「竜巻などの激しい突風」というキーワードが出てきたら竜巻に注意が必要です。

竜巻のようなダウンバースト、ガストフロントも突風の被害を

積乱雲が発達した付近では、竜巻だけではなく「ダウンバースト」や「ガストフロント」と呼ばれる突風の被害もあります。竜巻が回転する上昇気流であるのに対して、ダウンバーストは積乱雲からの冷たい空気が地面を叩きつけるように、地上に吹き降ろす風のこと。ガストフロントは積乱雲の下にたまった冷たい空気が流れ出し、周りの温かい空気との間にできた前線のことで、突風前線ともいわれています。どちらも強風なので竜巻と同様の避難が必要です。

風水害コラム

台風のこと、知ってる？

夏から秋にかけて怖いのが、日本を直撃する台風。私たちの命をも脅《おびや》かす「台風」は、いったいどこからきて、どんなふうに発達するのか、知っていますか？

【台風・サイクロン・ハリケーンが発生する場所】

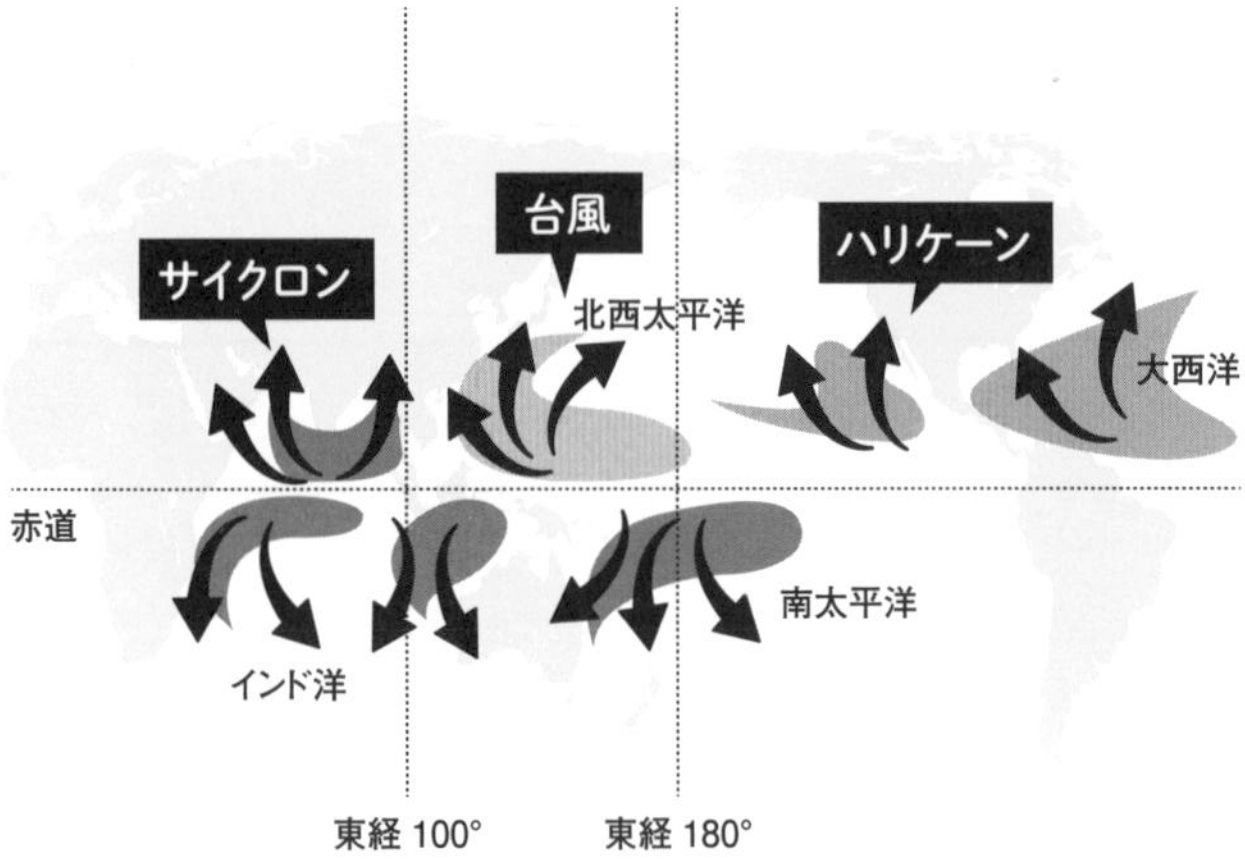

台風は日本にしかこない?!

海外のニュースでサイクロンやハリケーンの被害が報道されるのを見聞きすることがありますが、「台風」と何が違うのかというと、「発生する場所」。同じような気象条件の熱帯低気圧でも、どこで発生するかで名称が異なります。どれも、熱帯の海上で発生する「熱帯低気圧」のこと。熱帯の海は太陽が強く照りつけるため、海面の温度が上がります。水蒸気が空へと上って大きな雲になり、雲の周りに湿った熱い空気がどんどん集まって渦を巻き、風が強くなって熱帯低気圧へと発達するのです。

台風の発生する場所は北西太平洋。サイクロンはインド洋と南太平洋で、ハリケーンは赤道より北で東経１８０度より東の太平洋と大西洋で発生します。

【台風の強さの階級分け】

階級	最大風速
強い	風速 33m/s 以上〜 44m/s 未満
非常に強い	風速 44m/s 以上〜 54m/ 未満
猛烈な	風速 54m/s 以上

【台風の大きさの階級分け】

階級	風速 15m/s 以上の半径
大型（大きい）	500km 以上〜 800km 未満
超大型（非常に大きい）	800km 以上

台風の大きさ=台風に伴う風速 15m/s 以上の領域（強風域）の半径
台風の強さ=台風に伴う最大風速

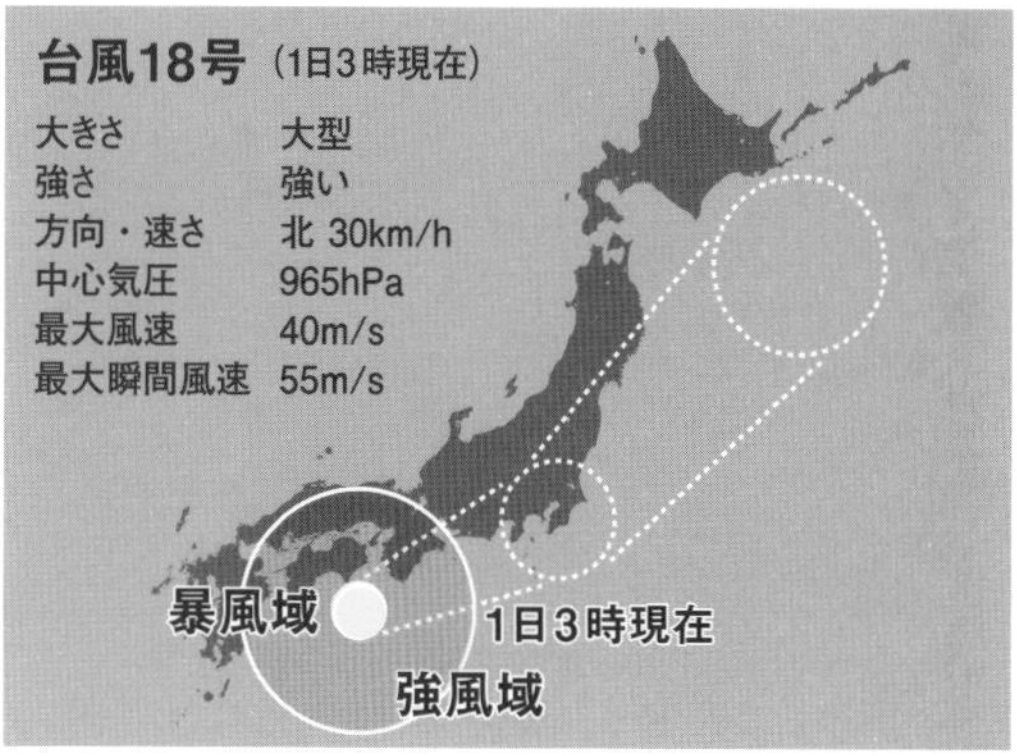

「強風域」は、台風や強い低気圧の周辺で平均的に秒速15メートル以上の風が吹いている場所、「暴風域」も強風域と同じ条件で、平均的に秒速25メートル以上の風が吹いている場所。樹木がなぎ倒され、家屋に損傷が出る強さです。

台風の勢力は「大きさ」と「強さ」で表現される

台風のおおよその勢力は、風速（10分平均）をもとに台風の「大きさ」と「強さ」で表現されます。「大きさ」は強風域の半径を基準に、「強さ」は最大風速を基準に区分されています。

天気予報などで「大型で強い台風が近づいています」とか、「超大型で猛烈な台風●号に警戒してください」などと報じられますが、この「大きさ」と「強さ」をもとに解説されています。

天気予報の情報から台風の規模を正しく読み取り、外出を控えたり、適切な備えを行うことが、命を守る行動につながります。

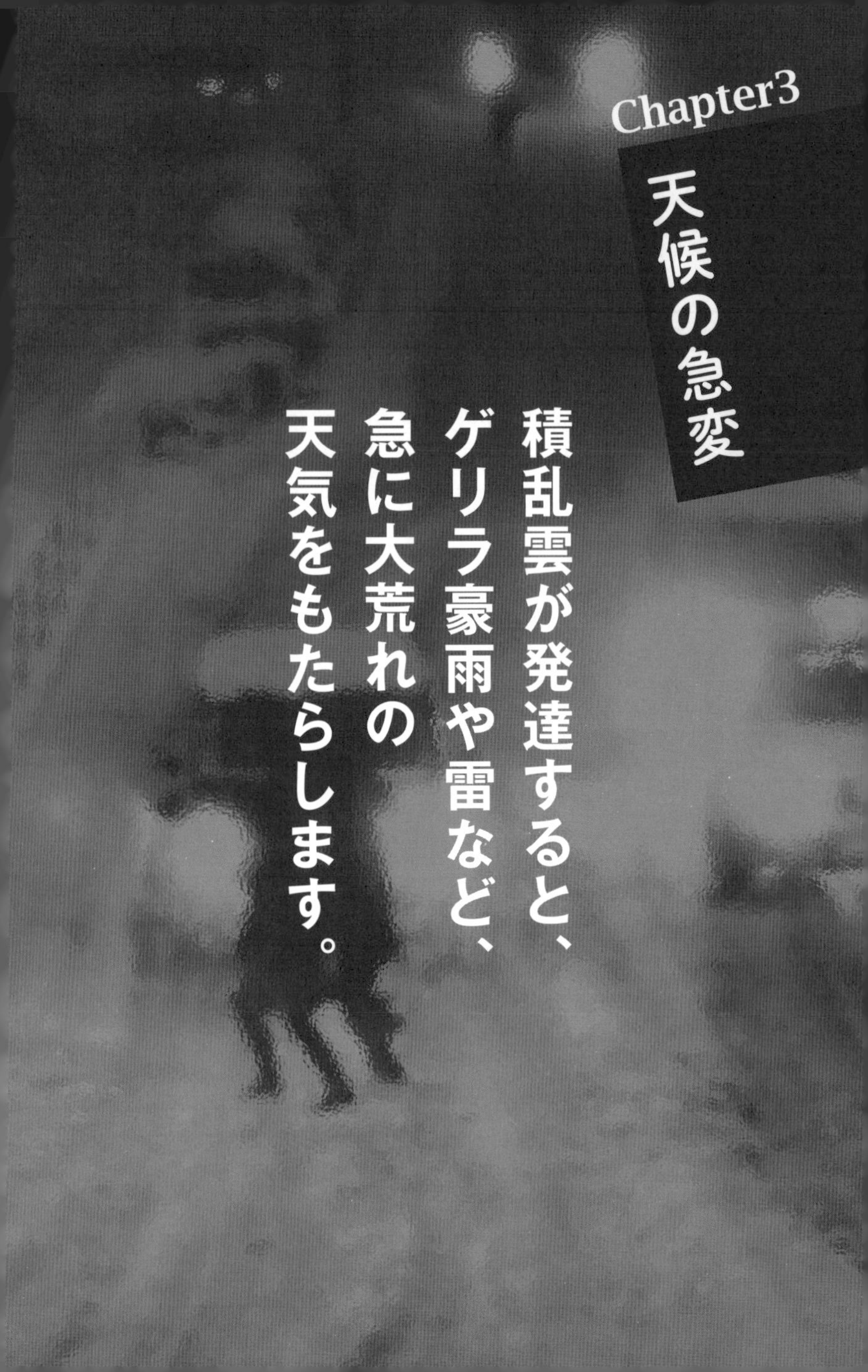

Chapter3

天候の急変

積乱雲が発達すると、
ゲリラ豪雨や雷など、
急に大荒れの
天気をもたらします。

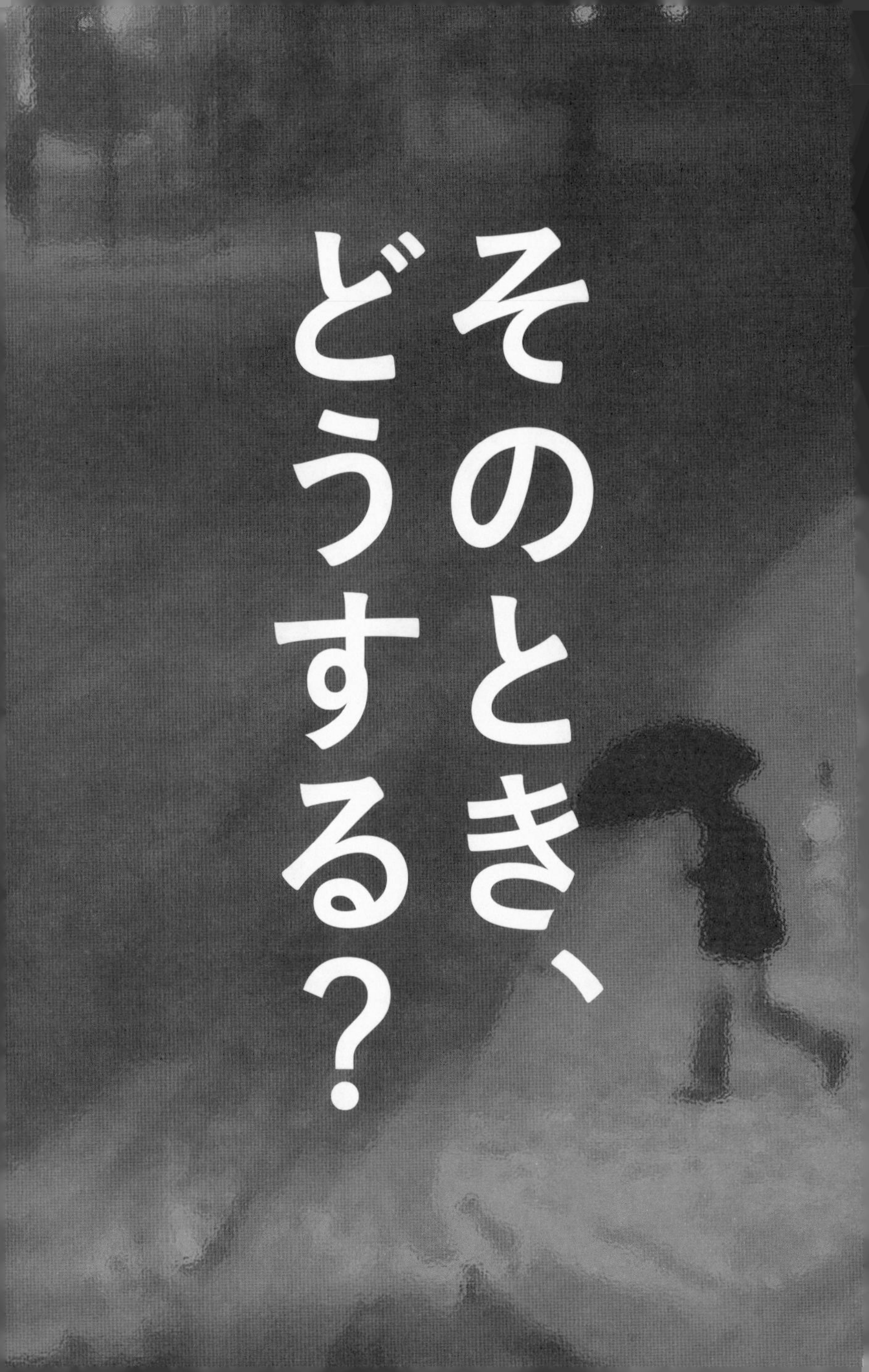
そのとき、どうする？

室内で雷に遭ったら

雷が鳴っているときは洗濯、洗い物、入浴も避けたほうがいいでしょう。落雷時に配水管から感電する可能性があります。

電化製品のプラグを抜き、部屋の中心に避難を

屋外よりは家の中にいたほうが断然安全ですが、「絶対に」とはいえません。家の中にいても雷の電流が侵入してくる可能性があるからです。電話線や電源線、アンテナ線、これらにつながるパソコンやテレビ、調理家電などは故障の原因になるのでコンセントからプラグを抜きましょう。また、壁や柱からは1メートル以上離れるようにしましょう。落雷の衝撃で窓ガラスが割れることもあるので窓からも離れましょう。

備え

停電になったら

懐中電灯や電池式ランプ、ソーラーランタンなどを準備しておくと、停電になっても焦らず、明かりを確保できます。

ソーラーランタンは、太陽光で充電ができるので、いざというときにも電池切れの心配がない優れもの。折りたためるタイプもあるので、保管時も場所をとりません。スマホにもライト機能はありますが、災害時は連絡をとったり、情報を得たりするための重要なツール。ライトとして長時間使用するのはおすすめできません。

災害時だけでなく、キャンプなどのアウトドアでも大活躍。USBポートからスマホの充電機能がついたものまで種類もさまざま。

！ 車内は比較的安全

運転中に雷に遭うと、パニックになってハンドルやアクセルの操作を誤ることも。室内と同様、車内も比較的安全なので、落ち着いて運転すること。しかし雷に伴い、大雨や強風で視界が悪い場合は速度を落とすか、一旦停車をしましょう。

万が一、車両に雷が落ちても、雷は車のボディの外周をつたってタイヤから地面へと流れるので、車内には流れません。ただし、車内では金属部分には絶対に触らず、なるべく車の中心部に身を寄せること。カーナビやＥＴＣ機器への影響も大きくないはずです。しかし、幌《ほろ》タイプのオープンカーの場合は、落雷を直に受けてしまうことがあるので車内にいるのは危険。雷が通電した熱でタイヤがバーストしたり、ボディに傷が残ったりすることもあります。

雷

屋外で雷に遭ったら

雷のとき、メガネやアクセサリー、時計などをはずすのは実は意味がありません。人間の体は、同じ高さの金属像と同様に落雷を誘引するといわれているので、落雷の阻止《そし》にはなりません。

雷鳴が遠くても建物や車の中に避難を

雷のときに危険な場所は、ゴルフ場や野球場、海岸など周囲が開けた平坦地。雷鳴が聞こえたら、遠くで鳴っていたとしても、すぐに建物の中か車の中に避難すること。建物が近くにない場合は、身をかがめて低い姿勢になったり、くぼ地など低い場所に移動をします。地面に寝そべってはダメ。落雷したとき、地面を電流が伝わってケガをする可能性があります。また、大きな木や電柱からは4メートル以上離れること。

備え

天気予報で雷情報も入手しておく

屋外でのイベントやアウトドアレジャーを楽しむ際に、天気や気温は気にしても、雷情報に関しては一時的なものだし……と蔑《ないがし》ろにしがちです。しかし、実際に落雷によって命を落としたケースもあるので、「雷を伴う」「大気の状態が不安定」というキーワードが出てきたら注意しましょう。また、上空の雲行きがあやしくなってきたら、雷の前兆を知っておくことも大切。急に黒い雲がふくらみ、近づいて周囲が暗くなったり、冷たい風が吹いて大粒の雨が降り出したりします。

！ 傘や杖、バットなど長いものにも落雷の危険が！

雷は、開けた平地に加えて「長いものや高い所、高いもの、高く突き出たもの」に落ちやすい特徴があります。雷雲が近づいてきたら傘やバット、ゴルフクラブ、釣り竿、杖など長いものは体から離して地面に寝かせましょう。

！ 海や山のレジャーは要注意！

海では、海水浴やサーフィンなどをしている最中に落雷が聞こえたらすぐに岸に上がりましょう。

山の場合は、尾根道や頂上付近の樹木がまばらな場所は危険です。登山、ハイキング、キャンプなどでは「雷しゃがみ」といわれる、雷から避難する姿勢を知っておくといいでしょう。

リュックサックなどの荷物は地面に下ろし、頭を下に向けて両手で耳をふさぎます。両かかとをくっつけて地面から浮かせ、つま先立ちをします。

大雪

運転時に雪が積もっていたら

アクセルの踏み方

雪道の運転で特に危険なのが橋の上。風を遮《さえぎ》るものがなく吹きさらしのため、雪が積もっていなくても路面が凍結しやすいのです。「橋はアイスバーン」だと思って、慎重に運転を。

急発進、急加速、急停止は事故の原因になる

出かけるときは晴れていたのに、帰宅する夕方になって雪が降り出してきた……。雪道の運転の準備が整っていない、慣れていないと、こういうときに焦ります。雪道の基本は、急発進、急加速、急停止をしないことです。発進時はじわりとアクセルを踏み込んでゆっくり発進し、走行時は急加速を避けることでタイヤが空回りするのを防ぎます。急ブレーキはダメ！　左右に車体が振られてスピンしてしまいます。

備え

タイヤとワイパーは雪に備えて準備を

めったに雪が降らない首都圏でも、年に数回、雪が降ることがあり、積雪になることもあります。積雪とまでいかなくても、路面が凍結する日は多いので、車に頻繁《ひんぱん》に乗る人は、冬期はスタッドレスタイヤを装備したいもの。そこまで乗らないという人も、いざというときのために、チェーンを備えておきましょう。

また、雪の予報が出たら、前日からワイパーは跳ね上げておくこと。そのままにしておくと、ワイパーが窓にくっついてゴム部分が傷んでしまったり、雪の重みで歪んでしまったりします。

！ 凍結した下り坂ではブレーキ操作がポイント

下り坂の場合はブレーキ操作を慎重に行い、速度をコントロールすることがコツ。ギアを落としてエンジンブレーキと、フットブレーキをこまめに踏むポンピングブレーキを併用して、タイヤをロックさせないように運転しましょう。早朝や夕方以降、アイスバーンになっていることが予想できるようなら、ルートを変更するのも手です。

上り坂では、平坦な道よりもタイヤが空回りしやすくなります。発進時はじわりとアクセルを踏み、車間距離はしっかりあけ、できるだけ途中で止まらないようにすること。

！ 轍を利用しつつ横滑りに注意

雪が降った後にシャーベット状になった路面は、他の車の走行した跡の轍に沿って運転すると、比較的走りやすいです。ただし深い轍や凍った轍はハンドルをとられたり、横滑りをしたりするので、ハンドルはしっかり握って、低速で走るように。

大雪

雪道で車がスリップしたら

積もった雪でガードレールや側溝が見えないことがあります。道路の端を走らず、できるだけ真ん中を走るようにしましょう。

焦ったときの急ブレーキほど危険なことはない

慎重に運転をしていても、雪道ではスリップすることがあります。ひやっとした瞬間に、ハンドルを思いっきり切ったり、ブレーキを踏み込んだりしてしまうと、かえって危険。急ブレーキによってタイヤがロックされてしまい、かろうじて利いていたコントロールが不能になります。スリップしたら、ハンドルは切らずにアクセルをゆるめて、複数回に分けてブレーキを踏みながら、タイヤのグリップが戻るのを待ちます。

雪道では2速発進が効果的

オートマチック車の場合、ポジションを「D」に入れてから、「スノーモード」にして運転します。スノーモードをオンにすると、常に2速固定で発進するようになり、加速性がよくないためタイヤが空転しづらく、スリップしやすい雪道でも安定した走行がしやすくなります。

マニュアル車の場合、通常は1速で発進しますが、これだと雪道では加速がよすぎてしまうので、タイヤがスリップしやすくなります。雪道などすべりやすいところでは、2速発進が効果的です。

スタックからの脱出法はタイヤの下にものを挟む

雪やぬかるみで車輪をとられて立ち往生してしまうスタック。アクセルを踏み込んでもまったく前に進まなくなります。こんなときはギアを2速から3速に入れて、ゆっくりアクセルを踏むことで、少しずつ前へ進みます。

それでも動かない場合は、タイヤと雪の間に何かを挟んで、摩《ま》擦《さつ》を起こさせることです。ラバー製のタイヤチェーンや布類、車の中にあるものならフロアマットなどを使うといいでしょう。

廃車にするときは専門業者で手間もお金もかけずに

スリップなどの事故で廃車を余儀なくされた場合、自分で手続きをすると、手間や手数料がかかります。廃車手続きは、そろえないといけない書類が多くて面倒なことも。廃車買取業者に相談をすると、場合によっては、パーツを買い取ってもらえるうえ、廃車手続きの手間もなく、手数料が不要なこともあります。

大雪

運転時に吹雪いてきたら

立ち往生したときに近くにコンビニや人家があればすぐに救助を求め、避難できる場所や人家が近くにない場合は、ためらわずに消防や警察に連絡しましょう。

ライトをつけて安全運転、ホワイトアウトなら停車を

運転中に吹雪《ふぶ》いてきたらライトをつけて車間距離をあけましょう。ホワイトアウトの場合は、運転は危険。ハザードランプを点灯して停車し、地吹雪がおさまるのを待ちます。ただし夜の場合、ヘッドライトの光が雪に反射して視界を悪くする場合もあります。そんなときは一度ヘッドランプを消して、スモールランプとフォグランプに切り替えてみると、雪の反射による視界の遮りが軽減することがあります。

備え

給油は早めにするのが賢明

ゆっくりとした運転が強《し》いられる雪道では、通常よりも移動に時間がかかり、燃料もみるみるうちに減っていきます。気象情報で暴風雪が予想されるときは、運転は避けたいものですが、やむを得ない場合は十分に燃料があることも確認しましょう。また、備えとして、車内には防寒着、長靴、手袋、スコップ、牽引《けんいん》ロープ、飲料水などがあれば安心です。

！身動きがとれなくなったら早めに救助の依頼を

吹雪の中、停車したはいいものの、その後ものの数分で車全体が雪で覆われてしまいます。ドアが開かなくなって車に閉じ込められないように、風下側のドアが開くかどうかを定期的にチェックをし、いつでも脱出できるようにして救援を待ちましょう。救援を待つ間に完全に雪に覆われたら、エンジンを停止します。マフラーの排気口が雪で塞《ふさ》がれてしまうと、一酸化炭素中毒になる危険性があります。寒くてエンジンをかけるようなら、排気口の雪だけは取り除くこと。ときどき風下側の窓を少し開けて換気しましょう。

！大型車の雪煙に注意！

トラックなどの大型車が近くにいる場合は、巻き上げる雪煙で視界が悪くなります。すれ違うときや追い越されるときは、ワイパーを早めに作動し、減速をしましょう。またヘッドライトやテールランプ、ワイパーに雪がついたら、安全な場所に停車させて雪を落としましょう。点灯しているランプが他の車から見づらかったり、窓の雪をはらい落とせなくなります。

大雪

雪道ですべりやすかったら

慣れない雪道を歩くのは時間がかかります。路面が凍っている日は、普段よりも時間に余裕を持って行動しましょう。

見習うべきはペンギンのような歩き方

雪道では転びたくない一心で慎重に歩いていても、転倒したり、歩き慣れない姿勢で疲れたりします。雪道などすべりやすい所では、ペンギンのような歩き方が転倒しにくく、効率的です。重心を低くして上体を安定させて、歩幅を小さくし、足裏全体で着地。地面を蹴らずにすり足で歩くと転びにくくなります。最近では、靴底につけるアタッチメント式のすべり止めもあるので、利用するのも手です。

備え

冷たさや濡れから守れるシューズを選択

雪道のようなすべりやすい場所を歩くには、雪靴があるのがベスト。とはいえ、雪があまり降らない地域では、購入しにくいものです。靴選びの絶対条件として、すべりづらく濡れに強いこと。キャンバス地のものや靴のサイドに穴が開いているものは控えましょう。また靴の裏底に凹凸《おうとつ》がなくてつるっとした革靴や不安定な高いヒールの靴もダメ。アウトソールに凹凸があり、ヒールがない靴を選びましょう。さらに防水であれば安心です。

！ 特に転びやすい場所には注意をする

雪が降った後の歩道は、転倒のリスクが高い箇所があります。たとえば、バスやタクシーなどを乗り降りする路肩。乗り降りする際に雪が固く踏みつけられ、アイスバーンになっています。

駐車場の出入り口も注意が必要です。歩道から駐車場に入っていくような場所は、斜面になっているうえに、車で踏み固められてすべりやすくなっています。

人通りや車が多く通る横断歩道もアイスバーンになりやすい場所です。白線部分は、雪がなくても表面に薄い氷が覆っている場合もあるので、できるだけ避けるようにしましょう。

歩道橋や橋も危険！　地面が保温の役割をしてくれず、風によってさらに冷やされ、路面が凍結しやすいのです。歩道橋の階段部分や橋の端のゆるい登りや下りになっている部分は特に注意をしましょう。手すりや欄干《らんかん》につかまりながらゆっくり歩きます。

雹が降ってきたら

雹が降るときは豪雨が伴うこともあり、冠水することも。アンダーパスや低い土地には絶対に行かないように。

歩きでも運転中でも、目指すは屋根のある所

「大気の状態が不安定」「雷を伴う」「竜巻などの激しい突風」というキーワードを天気予報で使っていたり、雷注意報が出ていたりしたら雹の可能性があると心づもりをしましょう。室内にいたら、カーテンを閉めて窓ガラスから離れます。屋外にいたら、バッグなどで頭を守り、建物の中へ。雹が突き破ることがあるので、傘は使わないこと。運転中の場合は、近くに屋内駐車場があれば入り、なければ減速をし、道路の左側に寄せて停車をし、やむのを待ちます。

雷や竜巻が起こりそうな空は、雹が降る可能性もある

雹は雷などのように注意報はありません。ただし同時に発生する雷注意報や竜巻注意報が発令された場合は、雹への可能性が高くなります、雹は激しい上昇気流を持つ積乱雲の中で発生し、溶けたり凍ったりして大きくなりながら一定の大きさを超えると地上に落ちてきます。

雹に似たものであられがあります。あられは直径5ミリ未満の氷の粒、雹はゴルフボール大から場合によっては野球ボールほどの大きさにまでなり、車を傷つけるだけではなく農作物にも大打撃を与えます。

雹が降る予兆は、雷や竜巻と同様に巨大な積乱雲が発生し、突然空が暗くなったかと思うと、雷の音が聞こえたり、雷光が見えたりして冷たい風が吹きます。

雹によるへこみや傷は保険で直せるケースも

大切な愛車に雹が直撃して、車体が傷ついたら大変です。自分の頭を守りつつ、車体を覆うように毛布や布団をかけて、被害を最小限に抑えましょう。

万が一、車が傷ついてしまっても、車両保険で補償される場合があります。保険会社によっても異なるので、まずは保険会社に問い合わせてみましょう。

ちなみにこうした自然災害による被害でも車両保険を使うと、翌年は等級が一級下がり、保険料が値上がりすることもあります。修理代によっては、保険を使わないほうがかえって出費が減る場合もあるので、よく検討しましょう。

天気コラム

雲の形から天気を読み解こう

雲の形や種類で、
これからの天気を予想することができます。
雲による天気の読み解き方を紹介します。

雲ができると天気に変化が表れる

雲はどのように発生するのか知っていますか？海や地面に太陽の光が当たって温められると、海水や土に含まれている水が蒸発して水蒸気になります。この水蒸気は空気中のチリとともに温かい空気の上昇気流によって上空へと運ばれます。気温の低い上空では、チリに水蒸気がくっついて水や氷の粒ができ、やがてそれらが集まって雲をつくります。そして、大きくなった粒は重くなり、上空に浮いていられなくなって落ちます。これが雨や雪なのです。

【雨や雪ができるまで】

海水や地面の土地が
温められる

▼

水蒸気が空気中の
チリとともに上昇する

▼

水蒸気やチリが
上空で水や氷の粒になる

▼

粒同士がくっついて
重くなるために
雨や雪として落ちる

雲の種類で天気の予想がつく

雲は発生する高度や縦長か横長といった形による世界的な基準があり、10種類に分類されています。どの雲が、どんな天気の前兆かを紹介します。

巻雲《けんうん》

天気が崩れる前兆の雲で、春と秋の風の強い日に現れます。

巻積雲《けんせきうん》

うろこのように細かくイワシ雲の別名も。秋に見られ、台風や移動性低気圧が近づいている印です。

高層雲《こうそううん》

灰色のベール状の雲で低気圧が接近しているときに出現。雨を降らせる雲ではありませんが、乱層雲につながる雲なので天気が崩れる兆《きざ》し。

積乱雲《せきらんうん》

入道雲といわれ、集中豪雨やたくさんの雪、雷、雹を降らせて天気を急変させます。

層積雲《そうせきうん》

大きな塊が長くうねった、横に広がった雲。降水はもたらしません。

積雲《せきうん》

積乱雲になる前の雲で、夏の晴れた日に空にぽっかり浮かんでいます。

層雲《そううん》

山の中腹で見られる霧のような雲で、雨や霧雪など粒の細かい降水をもたらすことがあります。

巻層雲《けんそううん》

空全体を覆う雲で、数時間後には雨を降らせます。

高積雲《こうせきうん》

ヒツジ雲とも呼ばれ、雲の層が厚くなってくると天気が崩れます。

乱層雲《らんそううん》

雨雲と呼ばれ、暗く灰色の雲で弱い雨や雪を降らせます。

【10種類の雪】

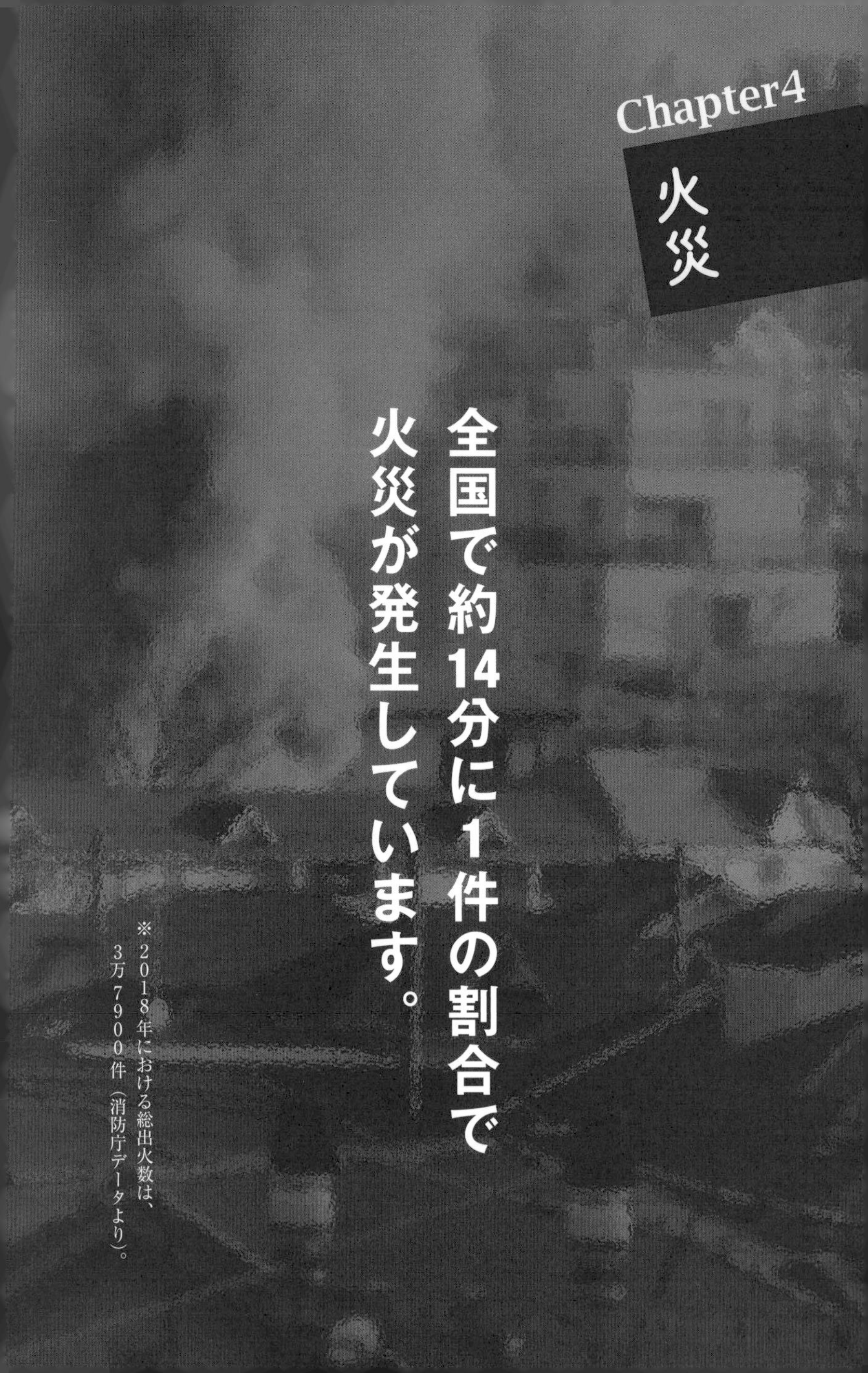

Chapter4 火災

全国で約14分に1件の割合で
火災が発生しています。

※2018年における総出火数は、3万7900件（消防庁データより）。

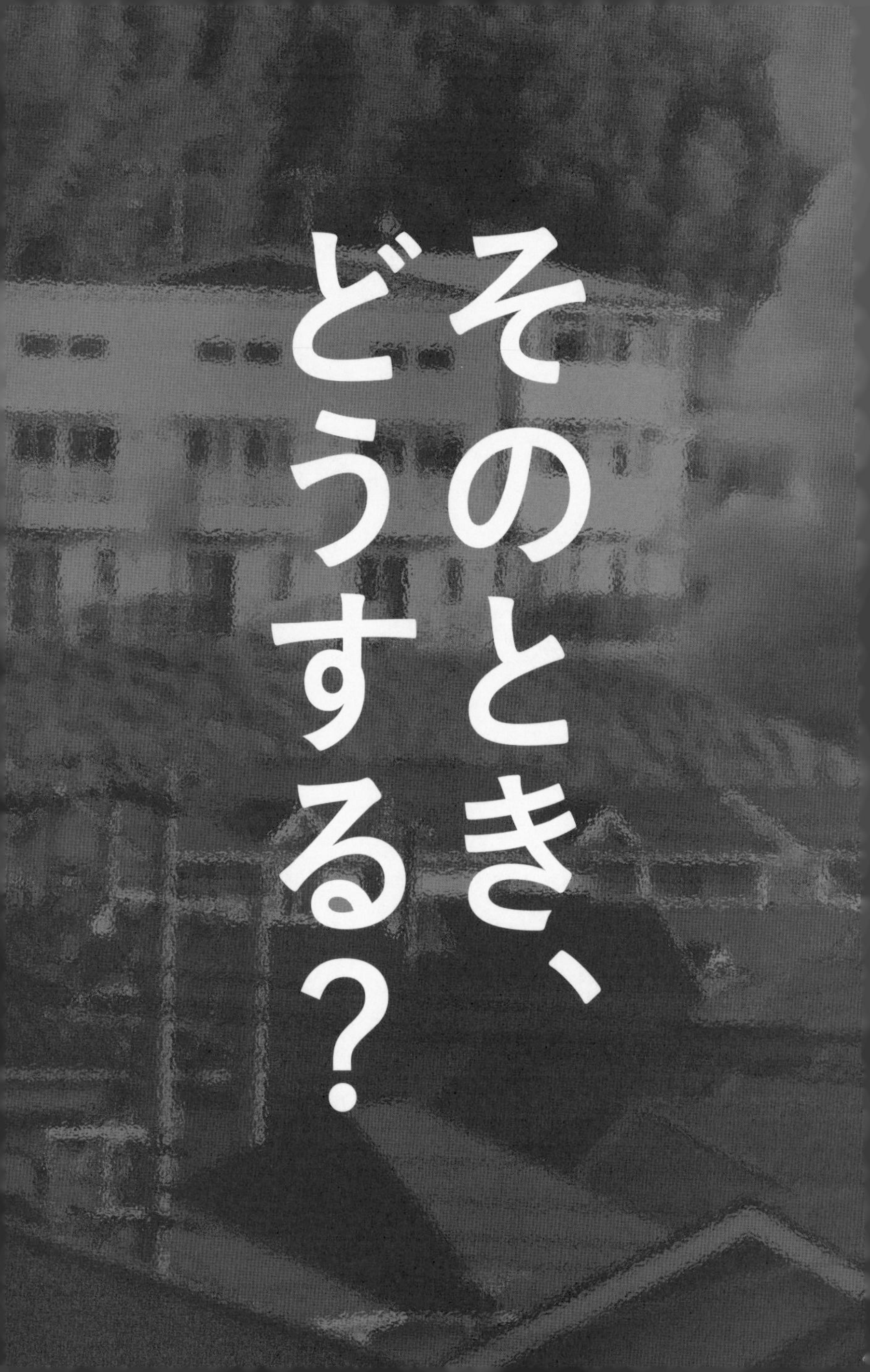

そのとき、どうする？

火災

部屋で火事が起きたら

火災で怖いのは煙。一酸化炭素を吸うと意識がもうろうとし、また、視界も悪く逃げ道がわからなくなります。逃げ道を必ず確保しましょう。

周囲に「火事だ！」と伝え、落ち着いて消火を

煙を見て火災に気づいたら、まずは「火事だ！」と声を出し、周囲に伝えましょう。深呼吸をして心を落ち着かせ、避難ルートを確保したら、火元の消火をします。火や煙は上へ上へといく性質がありますので、消火の際は床に這うような姿勢で行うこと。初期消火は、最初から大きな消火器で行おうとせず、小型のエアゾール式簡易消火具で火元を狙って消火します。コンパクトで扱いやすく、その後の室内の清掃が簡単です。

備え

火災の多くは、注意をすれば防げることも多い

火災の原因でいちばん多いのは「たばこ」。続いて「たき火」「コンロ」「放火」の順です。火災を絶対に起こさないポイントを押さえましょう。

①家の周りに雑誌やダンボールなど燃えやすいものを置かないこと。放火防止になります。
②調理中に火元を離れる際には、必ず火を消すこと。
③火元の近くに燃えやすいものを置かない。
④たき火は厳禁。自治体によって異なりますが、庭先であっても禁止されています。
⑤ひとり暮らしの高齢者は、防炎の寝具やカーテンなどを使用すること。
⑥就寝前には、必ず火の元を確認すること。
⑦寝たばこをしない、させない。
⑧住宅用火災警報器（報知器）を設置する。
⑨差しっぱなしのプラグにホコリがたまり、湿気などの水分が付着したところに電気が流れ、炎が発生する「トラッキング現象」。大物家電など、つい差しっぱなしにしてしまうプラグは、1年ごとに点検すること。

！消火は10分以内に行い、火種は確実に消火を！

火災が成長してしまうと、ある瞬間に爆発的に燃焼し、一気に室内が炎に包まれる「フラッシュオーバー」という現象があります。8畳ほどの広さだと、フラッシュオーバーが起こるまでの目安がだいたい10分。その時間内に消火できないようであれば、速やかに「ハイハイ」の姿勢で避難をすること。ハンカチを少し濡らし、鼻と口を覆うように結び、できるだけ煙を吸わないようにしましょう。

避難時は、これ以上燃え広がらないように、部屋のドアを閉めて空気を絶ちます。逃げ遅れた人がいたら、消防隊員に「何人がどこの部屋にいるのか」を具体的に知らせましょう。

火災

鍋から炎が上がったら

天ぷら火災は、油が高温になって自然発火するのが主な原因。ガスコンロのように炎があるからではなく、油の温度が約 370 ℃になると油自体が発火するので、IH 調理器でも火事になります。

落ち着いてスイッチを切り、消火具で消火を

油を熱した鍋から炎が上がってしまったら、まずは落ち着いてコンロのスイッチを切り、火を消すこと。そのうえで、スプレー式の消火具を手にとり、火元にシューッとかけます。油から上がった火は、見た目ほど広がってはいません。とにかく落ち着いて、今度は周りにシューッとスプレーします。絶対水をかけてはいけません！　水をかけると瞬間的に水蒸気になって高温の油が散り、大やけどをする危険があります。

備え

消火器は2本以上常備し、消火は「二段構え」で

出火したらまずは「通報」、それから「初期消火」「避難」の順番ですが、火災時の状況によって異なります。まずは慌てず、パニックにならないよう、心を落ち着けることです。

家庭に必ず備えておきたいのが消火具・消火器ですが、まずは強化液消火剤が入った小型スプレーの消火具で消火を行い、必要であればさらに住宅用消火器で行う二段構えがいいでしょう。

最初から住宅用消火器を使用すると、粉末タイプのものだと部屋中が真っ白になって視界が利かなくなります。火元や避難経路を見失い、瞬時に適切な判断がしにくくなります。また、使い慣れていないと、焦って思わずレバーを握ってしまい、火元を消火する前に消火剤をまき散らして終わってしまうことにもなりかねません。

株式会社丸山製作所

住宅用消火器

業務用よりも軽く、女性でも扱いやすい。強化液消火器なら、粉末消火器より後片付けもラク。

エアゾール式簡易消火具

強化液消火剤が入っており、片手で簡単に消火できる。

！消火器は必ず火元を目がけて噴射する

消火器は噴射してから数十秒しか持ちません。まずは落ち着くこと。火の風上から、やや腰を落として低く構え、火元に向かってレバーを強く握って噴射します。

たばこでボヤを起こしたら

たばこ火災は、最初は炎を伴わない「無炎燃焼」であるため、大きな火災になるまで気づきにくいのが特徴。

小さな火種なら土をかける窒息消火法も◎

たばこの吸い殻を紙袋に入れて捨てたり、喫煙中に火種が落下して起こるたばこ火災。はじめのうちは炎が出ず、布団や畳を焦がして燃え広がるため、外出後や寝た後に大きな火災になってしまうことも。

発火に気づいたものの手元に消火器がない場合、鉢植えなどの土をかけることも有効。土をかけることで酸素の供給を絶つ消火方法で「窒息消火法」といいます。吸い殻は水をかけるなどして完全に消火しましょう。

備え

灰皿横には必ず水を

たばこを吸うのであれば、灰皿とセットでペットボトルやグラスに入った水を置き、吸い殻には必ず水をかけるようにしましょう。熱に弱いペットボトルやカップ麺の空き容器を灰皿代わりにするのはもってのほか。ゴミ箱に入れるのも危険です。火が消し切れていないと、紙ゴミなどに燃え広がり、大きな火災になりかねません。

！ 煤《すす》の臭いは掃き掃除だけではとれない

家での火事は炎によって壁や床が黒くなってしまいます。もととなっているのが煤で、焦げ臭さの原因です。煤ができてしまった後、目に見えない煤が部屋中に存在しているので、掃き掃除や目に見える場所だけ掃除をしても臭いはとれません。床や壁用の洗剤を雑巾に塗布《とふ》して拭き取り、こまめに換気をすることで臭いが軽減します。

！ 火災が起きている建物を見ても不用意に開けないこと

密閉された室内の火災で、外からドアを開けると一気に酸素が回って火災が成長し、爆発することも。絶対に外から開けてはいけません。

気密性の高い室内で火災が発生すると、徐々に鎮火したような状態になりますが、一方で可燃性のガスが充満していくケースがあります。このような状況下でドアを開けて新鮮な空気を送り込むと、今まで燃えなかった可燃性ガスが爆発的に燃焼することがあります。そのような現象を「バックドラフト」といいます。特に近年は気密性が高い建物が多いので、バックドラフトが起きやすくなっています。絶対に開けず、中の状況がわかるようなら、具体的に消防隊員に伝えましょう。

火災

オフィスで火災に遭ったら

普段鳴らない火災報知器が鳴ると誤作動かと思って周りの人が避難しないことも。それにつられず積極的に声をかけて、まず避難をしましょう。

壁や床をつたいながら階段で外に出る

火災報知器が鳴っても煙や炎が見えない場合もありますが、あっという間に煙は広がるので速やかに避難を。鼻と口をハンカチで覆い、ハイハイの姿勢で煙を避けます。煙は天井付近から壁へと順に覆うので、視界が遮られた場合は、壁や床に手をつきながら這って逃げること。火災による停電の可能性があるのでエレベーターは使わないことです。二次災害防止のために、余裕があればブレーカーを落としていきましょう。

備え

非常口、非常階段、避難経路を確認しておく

オフィスへはエレベーターしか使ったことがないと、非常口や非常階段、避難経路を知らない人も多いでしょう。ビルの規模にもよりますが、非常口や非常階段は1フロアに複数箇所設置されている場合があります。1か所だけでなく、必ず複数箇所の非常口をあらかじめ確認しておきましょう。また3階建て以上の建物の窓ガラスには、消防隊進入口と書いてある三角のマークがあります。ここの前には大きな荷物やパーテーション、棚などを置かないようにしましょう。

備え

コンセント周りのホコリに注意

コンセントにプラグを長時間差し込んでおくと、その隙間にホコリがたまります。ホコリが空気中の湿気を吸収することで漏電して発火してしまうのです。オフィスではパソコン周り、コピー機の裏、冷蔵庫の裏などに注意し、年に一度は必ず掃除をするようにしましょう。

！ 携帯電話から119番へ通報するとき

火災がわかったらすぐに消防署へ通報しましょう。携帯電話で119番に通報すると、場合によっては異なる管轄《かんかつ》の消防本部につながってしまうことがあります。通報するときは、通報している市町村名、住所、近くに目標物があるかを確認してからかけます。また通報後も携帯電話の電源を切らないように。確認のため、消防署から連絡が入る場合があります。

体に火が燃え移ったら

しゃがんだときに灯油ストーブなどの火が背中に移り、気づいたら背中が燃えていたというケースも。

走り回ってはダメ、横に転がり回って消火を

体に火が燃え移ってしまったら、焦って走り回っては絶対にダメです。かえって燃え広がり、さらに火と煙は上に向かうので、顔や呼吸器にやけどを負ってしまうことも考えられます。

水や消火器を探している猶予《ゆうよ》がないときは、地面に横向きになり、転がり回って消火すること。なかなか消火しなくてもしぶとく転がり続けてください。その際、顔は手で覆い、煙を吸わないようにすること。

備え

ホテルで火災に遭ったら防災袋を被る

ホテルによっては、防災セットに大きな透明のビニール袋（防煙フード）を備えているところがあります。袋に空気を入れて、首元を手で押さえて使います。これがあれば一酸化炭素中毒を防ぐことができます。最近では、ホームセンターやインターネットでも販売されています。

！地下街で火災に遭ったら広場へ避難

煙が蔓延《まんえん》して、天井に煙がたまると照明を覆い隠し、視界が悪くなることもあります。すると逃げる方向がわからなくなり、多くの人がパニック状態になりかねません。こういうときは地下街の中央や端に設けられている「広場」へ。避難の際の一時滞留スペースとしての機能もあり、地上への出口も充実しているので、まずはここへ避難しましょう。

！2階にいるときに1階で火事が起きたら

高所から飛び降りるときは、できるだけ落ちる距離を短くするため、窓枠につかまったり、エアコンの配管やパイプをつかんだりし、落ちたときの衝撃を和《やわ》らげること。落ちる場所も、植え込みや生垣《いけがき》など、少しでもクッション性の高い場所を目指しましょう。

火災コラム

火事は意外な原因で起こる

「まさかこんなことで？」と思うようなことが原因で火災が起こっているケースもあります。ついやってしまいがちなことばかりなので、決して他人事ではありません。

ペットボトルによる収れん火災

太陽の光が一極集中して火事になる

水の入ったペットボトルが、虫メガネなどの凸レンズの役割をしてしまい、太陽光を収束して起こる火事のことです。太陽の高度が低く、部屋の奥まで光が差し込む冬場に多く発生します。ペットボトル以外にもガラスの花瓶や金魚鉢、メガネ、拡大鏡、ガラス玉や水晶玉も同じようなことが起こります。特に日差しが強い10時から15時頃がもっとも発生しやすい時間。窓際や日差しが差し込む場所には、ペットボトルや拡大鏡、ガラス製のものは置かないようにしましょう。

洗濯乾燥機で発火

オイルのついた衣類が乾燥機の中で発火

一般家庭で起こる火事の中で、洗濯乾燥機によるものが増えています。ボディケア用のオイルや食用油、作業服についた機械油、レンジフードなどの油掃除をした布巾などが原因です。洗濯では落とし切れなかった油分が、乾燥機の熱が加わることで酸化し、発火につながります。

基本的には油のついた衣類を乾燥機にかけないこと、もしくは専用の洗剤を使って、完全に油分を落としてから乾燥機にかけるようにしましょう。

電子レンジ内で爆発

長時間の加熱や庫内の汚れによって発火

食品を温めたり、野菜の下ごしらえをするのに電子レンジはとても便利ですが、使い方を間違えたり、手入れをしていないと火事になることがあります。

よくあるのがサツマイモなどの根菜類や冷凍肉まんなど、加熱時間が長い場合です。食品の水分が蒸発し、炭化してしまって可燃性ガスが発生します。これが充満すると、食品の炭化した部分に電気が帯びて可燃性ガスに引火。また食品だけでなく、惣菜や弁当のアルミ素材の容器も危険です。電子レンジの電磁波がアルミに当たると、電流を発するため庫内で火花が散って火事になることがあります。

庫内で発火したら扉は閉めたままにし、加熱を中止して電源プラグを抜きましょう。

モバイルバッテリーから発火

衝撃や気温の変化により、不具合を生じて発火

モバイルバッテリーに使われているリチウム電池が発火するという事故が増えています。通勤電車の中でスマホに接続されていたバッテリーから発火、充電中のスマートフォンを布団の上に置いておいたら発火するなど、誰にでも起こりうる火事なのです。

こうした火事を起こさないために、丁寧に扱う、高温や低温の環境での使用を避ける、経年劣化や変形に注意すること。大きなエネルギーを蓄《たくわ》えた精密機器であるモバイルバッテリーは、落としたりポケットに入れて圧をかけたりすると不具合が生じます。また、リチウム電池は高温や低温環境に弱いもの。さらに経年劣化をしたまま使用し続けると、異常な発熱があり、発火の恐れがあります。

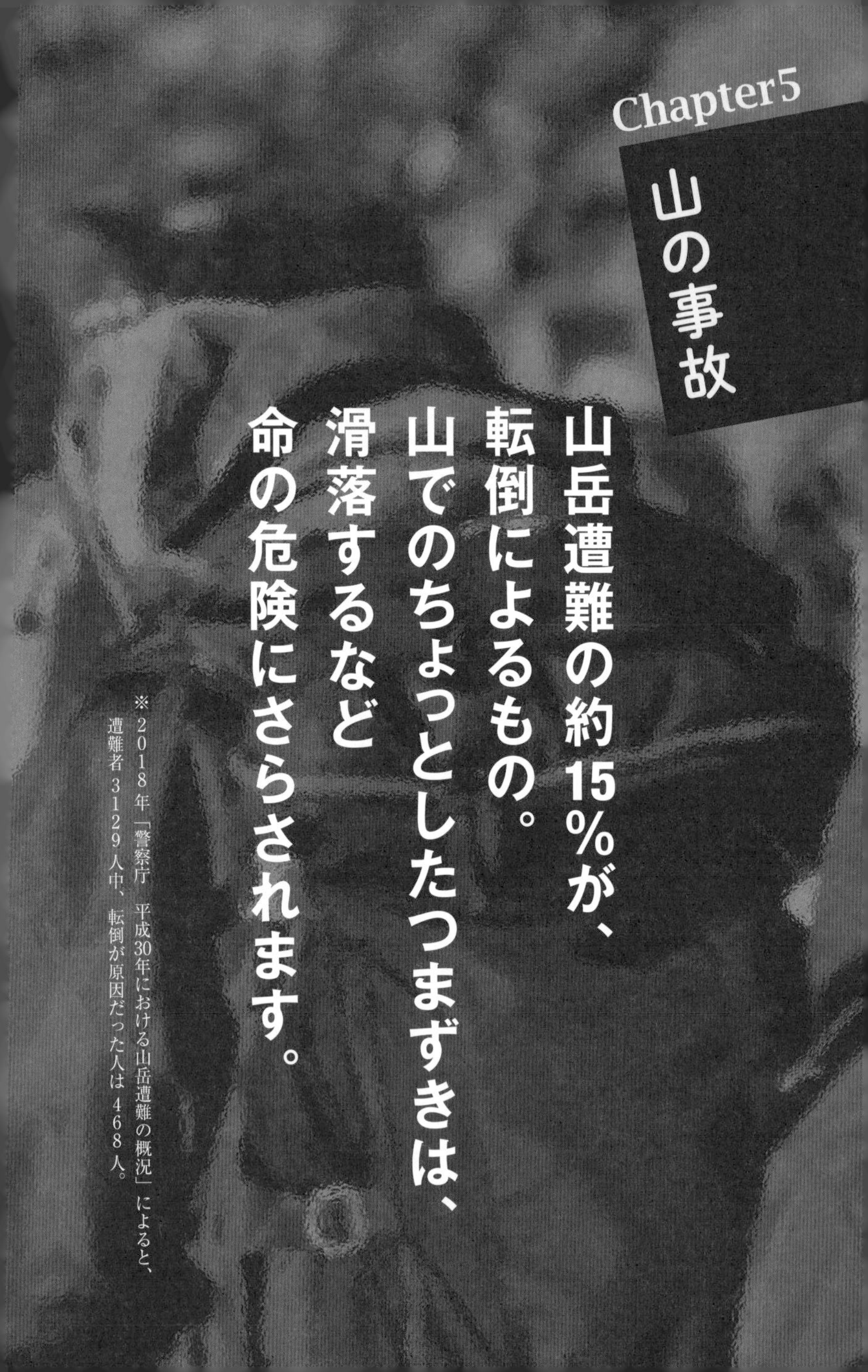

Chapter5

山の事故

山岳遭難の約15%が、
転倒によるもの。
山でのちょっとしたつまずきは、
滑落するなど
命の危険にさらされます。

※2018年「警察庁　平成30年における山岳遭難の概況」によると、遭難者3129人中、転倒が原因だった人は468人。

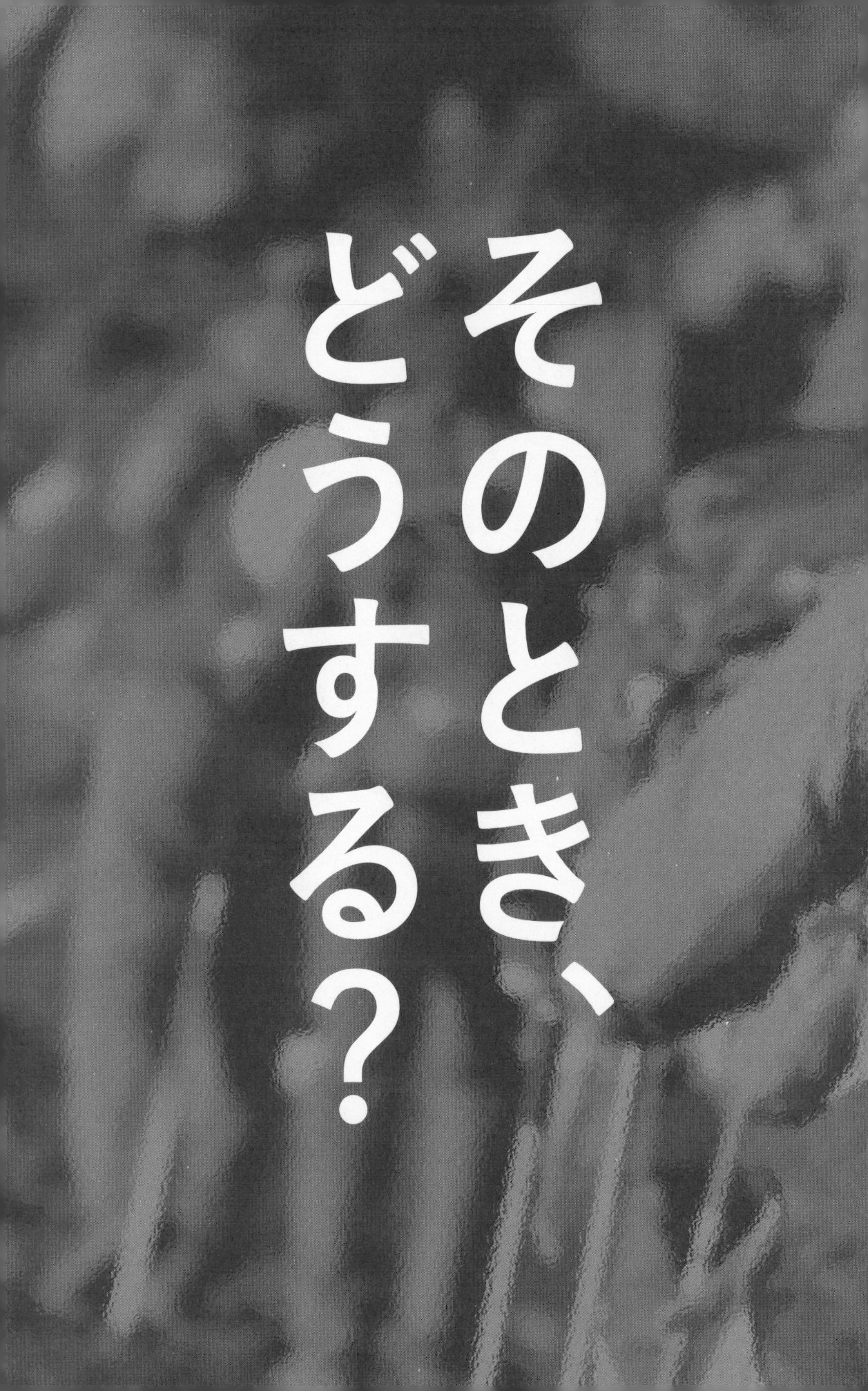
そのとき、
どうする？

山で道に迷ったら

山登りに慣れている人に限って、道に迷っても遭難という意識が低く、「多分大丈夫だろう」と思ってどんどん進んでしまう傾向があります。常に自分の今いる位置を把握《はあく》しておくことが大切。

稜線《りょうせん》に出てから行動の方針を決める

道に迷う、ケガをする、体調を崩すなどして下山ができなくなるといった遭難《そうなん》。なかでも多いのが道迷い。現在地がわからなくなった時点で遭難したと思ってください。その際、焦って下山するのは禁物。川は下へと流れるので岩が削られていてすべりやすくなっていたり、道が荒れていることも。稜線に出ると、他の山も見えるので自分の現在地を確認でき、その場にとどまるか、下山するかの判断ができます。

備え

登山計画書には ルートと装備を明記

登山にいく場合は、必ず登山計画を登山口で提出すること。登山計画書はルートだけでなく、装備を記入するスペースもあるので必ず書きましょう。パーティーの中でテントやストーブなどの装備を持っていれば、寒い時期は低体温症になるリスクが大幅に下げられます。

また、家族に、どこの山にどんなルートでいつ着くかなどを、口頭ではなく必ずメモに残すことで、捜索のしやすさが格段に上がります。道に迷うリスクを減らすためには、スマホのアプリを利用すると同時に、紙の地図の持参を忘れずに。寒いとスマホのバッテリーの減りが早くなるので、ジッパー付きのビニール袋に入れて防水し、肌に近い所に入れておきます。

！ 明るい時間帯に ビバークを決定する

道に迷った際、下山するには距離が長く時間がかかる、体力的に難しいといった場合、ビバークを余儀なくされることがあります。その際は必ず明るいうちにビバークする場所を決めましょう。見晴らしがよく、できるだけ平らな所を選ぶこと。

！ 二次災害に見舞われないよう パーティー全体で注意を

道に迷ったとき、急なハシゴを上らなければいけないといった体力を使う場面も出てくるはず。道迷いで不安にさらされ、体力も消耗しているので、難しいルートではケガのリスクも高まります。道がわかっても、パーティー全体が無事でなければ意味がありません。最短よりも、パーティー全体が安全に確実に進めるルートを選びましょう。

山で骨折をしたら

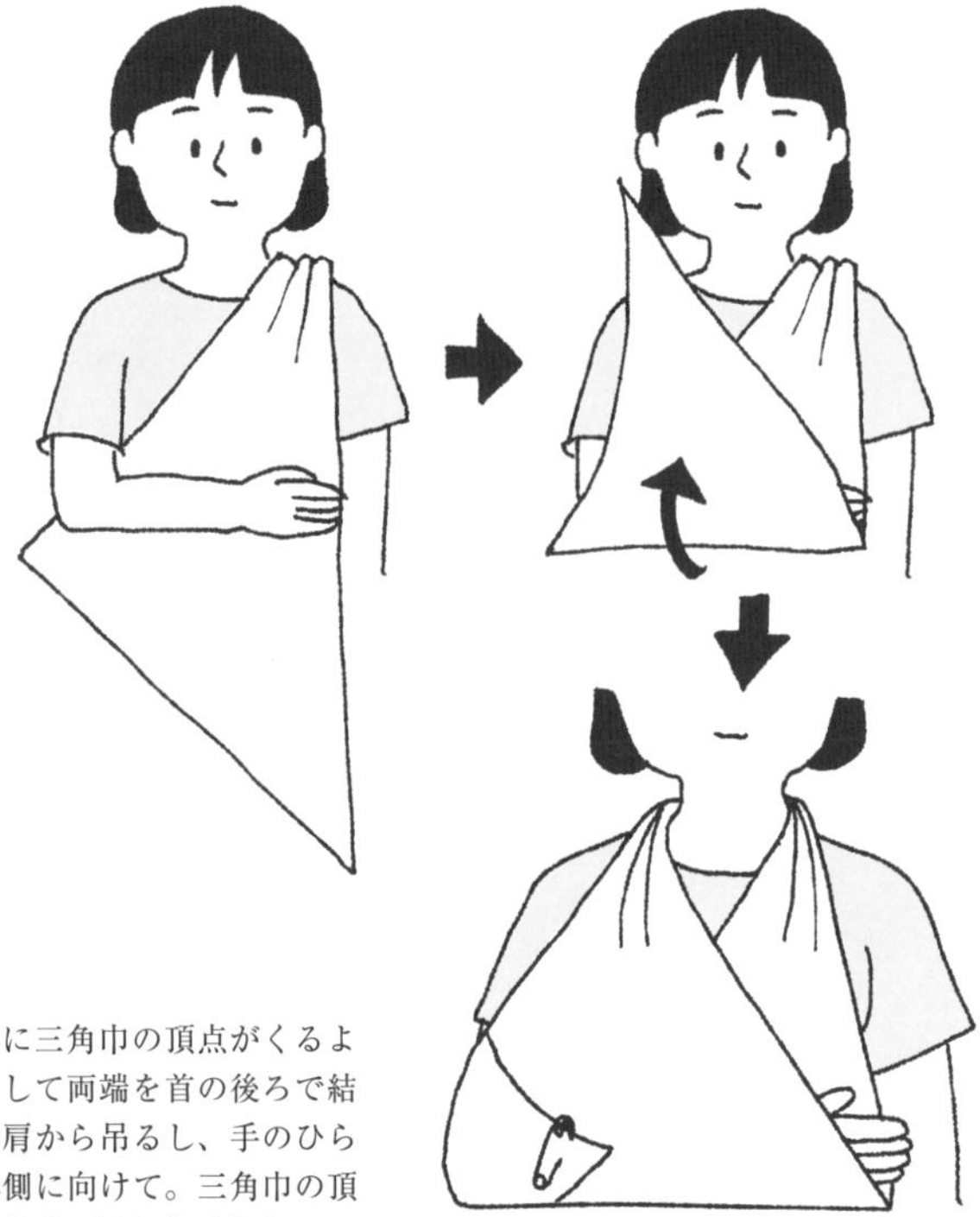

ひじに三角巾の頂点がくるようにして両端を首の後ろで結んで肩から吊るし、手のひらは体側に向けて。三角巾の頂点の部分は折り曲げます。

固定して、最低限移動できる状態にする

山では持っている装備に限りがあるので、その中で応急処置を行わなくてはなりません。登山で多いのが足首や腕の捻挫《ねんざ》や骨折。足首の場合はテーピングで固定が基本。腫《は》れがひどくて登山靴が脱げない場合は、靴の上から三角巾やダクトテープ、テーピングを巻きます。腕の場合は三角巾で首から吊り、手のひらは自分を抱くような向きにして、動かないようにその体勢のままテーピングなどで固定します。

熱中症になったら

熱中症は特に男性に多い傾向にあります。筋肉量の多い男性は、運動することで体に熱がこもりやすくなるため。夏山は特に頑張りすぎず、水と塩分をしっかりとりましょう。

首、脇の下、足の付け根など動脈を効率よく冷やす

水を飲んでいるつもりでも、大量の汗で水分と塩分が不足します。湿気で汗が蒸発しづらいと、体に熱がこもって熱中症になります。熱中症になってしまったら、日陰の安全な場所に移動をして、まず水分と塩分をとりましょう。そして首やそけい部、脇の下など動脈の通っている所を、濡れたタオルなどで冷やします。ふらふらする、呼吸が早くなるといった前兆が表れたら、水分と塩分をとって休むようにしましょう。

山

低体温症になったら

サバイバルシートは、体に巻き付けると風は防げますが、熱源にはならないので低体温症になってから使っても意味がありません。汗で濡れたウエアを着替えることを優先しましょう。

着込んでもダメ！熱源となる動脈を温めて

汗をかいた後に冷たい風にさらされると、一気に体温が奪われて低体温症になる危険性が高まります。予兆はものを落としたり、眠くなったりすること。低体温になってしまったら、風を避けられる場所に移動しましょう。湯を沸かしてペットボトルに入れ、首、脇の下、そけい部を温め、温かいものを飲んで体の芯を温めます。濡れたウエアを着たまま重ね着してもダメ。熱源となる血液の流れをよくして体温を戻します。

山

高山病になったら

毎年人気の富士登山。8合目あたりの山小屋で宿泊するのは、ご来光を見るためもありますが、高度に順応《じゅんのう》するための大切な役目があります。

予兆があって休んでも、改善しなければ下山する

標高が高くなると気圧が低くなるため、血中の酸素量が不足して起こる高山病。頭痛がしたり、眠くなったり、気持ちが悪くなったりします。場合によっては嘔吐《おうと》したり、ふらつくこともあり、滑落などの二次災害にもなりかねません。普段、有酸素運動をあまりしていない、睡眠不足、急激に高所へ行くなどが原因。高山病の予兆が出たら、少し休みましょう。改善しなければ高度を下げるために下山することで解決します。

山

危険な動物に遭遇したら

イノシシは夜行性なのであまり遭遇することはありませんが、鹿やサルなどは遭遇しやすい動物です。動物に近づかない、餌はあげないことが原則。

音を鳴らして人間の存在を知らせる

山で危険な動物の代表といえば熊。ただしどんな熊でも攻撃してくるわけではありません。熊がいるときはざわざわっと気配がする場合が多くあります。その際は興味本位で見にいかず、ゆっくりとその場から退散しましょう。また、人間に気づけば熊のほうから姿を消す場合があります。そのときはラジオやおしゃべりなどの音が有効。万が一、熊に気づかれても、石を投げるなど攻撃すると逆上してしまいます。

蜂に刺されたら

アナフィラキシーショックの症状の進行を緩和《かんわ》するには、「エピペン」が有効です。蜂以外にも、マダニやヒルなどの生物も山ならでは。マダニにかまれたら、頭の部分を残さないようにピンセットなどで取り除くこと。

命にかかわることもあるので、すぐに毒を出すこと

スズメ蜂は石段の下や岩陰、地中や建物の屋根などさまざまな場所に巣をつくるので、どこにいるのか予想がつきません。巣の周りには、多くの蜂が飛んでいるので、予定していたルートであっても断念して通らないこと。もし刺されたら、すぐにポイズンリムーバーで毒を吸い出します。人によってはアナフィラキシーショックを起こし、命にかかわることがありますので、「蜂くらい大丈夫」と侮《あなど》らないことです。

天気が急変したら

山の中での地震は何かの下敷きになる危険性は低いものの、地すべりなどの二次災害があるので、危険を感じたらすぐに下山しましょう。

変わりやすい山の天気は必ず事前に確認を

大雨や雷のとき、とっさの判断が生死を分けることがあります。山は特に天気が変わりやすいうえに、すぐに避難できない場合があるので、大前提として、必ず天気を確認してから登山計画を立てること。大雨や雷の場合は、可能ならすぐに下山しましょう。ただ、谷川の近くや川を渡るルートは水難事故の可能性があるので絶対にダメ。近くに山小屋があればそこにとどまり、なければ雨風をしのげる場所を探しましょう。

登山道具が壊れたら

ウエアやリュックサックのジッパーが壊れた際にもテーピングを活用。ただし、ポールが折れてしまった場合、補修して使うのは危険なのでやめましょう。

テーピング、ダクトテープ、結束バンドなどを応用

登山靴の底がはがれてしまったり、リュックサックの背負う部分が破れてしまったりと、道具が壊れてしまうアクシデントはよくあります。そんなときのために、持っておくと便利なのが、テーピングやダクトテープ、結束バンドです。登山靴の底がはがれたら、靴の上からテーピングやダクトテープをぐるぐる巻きにしたり、結束バンドで固定を。リュックサックは、穴をあけて結束バンドで止めれば応急処置になります。

山

つまずいて滑落したら

11 時と 14 時はつまずきの魔の時間。11 時はお昼前で低血糖になりやすくふらつきがち。14 時は下山間近の時間帯。道路が見えたり車の音が聞こえたりして気がゆるみ、つまずきやすくなります。

滑落で動けなくなったら迷わず救助の要請《ようせい》を

滑落して動けなくなったら、すぐに近くの山小屋か警察に連絡しましょう。もし仲間がいたら手を借り、下山できるのならすぐに下山を。無理そうなら救助を要請することです。救助を呼ぶことに躊躇《ちゅうちょ》する人も多いようですが、必要なときはためらっている場合ではありません。公的救助の場合は、救急車と同様お金はかかりません。お金が必要になるのは、捜索が打ち切られた後、民間の救助隊に捜索をお願いするときです。

山

雪崩に巻き込まれたら

雪崩は遭遇するとなかなか避けられないので、事前のルート選びが重要。斜面が穏やかで密集した樹林帯がある場所を選び、できるだけ尾根道を歩くようにしましょう。

雪崩《なだれ》の条件がそろっている場所には近づかない

雪崩は起きやすい条件があります。30度以上の急な斜面や木がまばらな所、すでに雪が積もった所に短期間で多くの雪が積もり、雪の層が2層になっている所など。気候は春先や雨が降った後、フェーン現象が発生したときで、急に気温が上がるタイミングです。基本的には、こうした状況であれば絶対に行かないこと。万が一巻き込まれてしまったら、泳ぐように雪から浮上して、呼吸確保のために鼻と口は手で覆います。

山コラム

登山グッズは災害時にも役に立つ

災害時に避難するときにも、大雨のときにも、実は活躍するのが登山グッズです。選び方や使い方をあらかじめ知っておくと、いざというときに役に立つことがたくさんあります。

ウエア類

雨風を防ぐうえ、湿気がこもらないから快適

山のレインウエアは「透湿《とうしつ》防水素材」で上下セパレートになっているのが特徴。雨風は防げれど、湿気は抜けるので快適です。また足元まで保護するので濡れません。出勤や外出時、大雨や強風の中で避難や移動をしても、体が濡れず体力が失われないので1枚持っておくと便利です。

また、レインウエアは防寒着としても優秀。賢く重ね着をするテクニックを知っていると役に立ちます。寒さ対策には、薄いものを重ね着して保温し、風を防ぐアウターで完全防備をします。インナーは薄くて乾いた洋服を。その上にニットや薄手のダウンを着ます。薄手のダウンはアウターとしては使いません。より肌の近くにダウンを着ることで、体温によって空気の層がつくられ、断熱効果を発揮《はっき》。アウターで風から身を守り、温かい空気を逃さないレインウエアを着ると、防寒対策は完璧です！

靴

頑丈な靴底で危険な場所も歩ける

登山靴は防水性を備えているものが多いうえに、未舗装の道を歩くようにつくられているため、アウトソールに厚みがあって耐久性が高く頑丈。災害時にガラスなどが散乱した場所を歩く際にも、靴底をガラスや釘が貫通しづらく、安全に歩けます。

ヘッドランプ

両手があくので作業がしやすい

懐中電灯もいいけれど、ヘッドランプはもっと便利。頭につけるので、両手が自由に使えます。避難するときに慌てて転んでしまったというときに、手をつけないと大ケガにつながることがあります。ヘッドランプは防水でコンパクトなものを選びましょう。

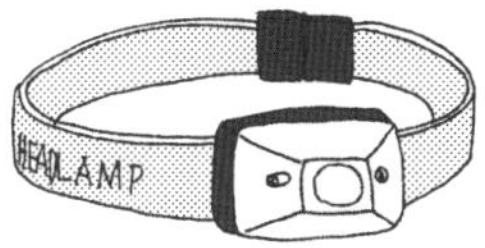

バックパック

多くのものを最小限の力で運べる

登山用のバックパックは、サイドにボトルが入れられたり、腰部分にポケットがついていたりして、バックパックをわざわざ下ろさなくても、よく使うものはすぐにアクセスできる設計になっています。公共交通機関が使えず、歩いて帰らなければいけないといった場合に便利。また、中は仕切りがないため、さまざまなものを入れられます。避難所に行くとき、必要最低限と思っても結構いろいろなものが必要ですが、両肩で背負うので負担が少なくて済みます。

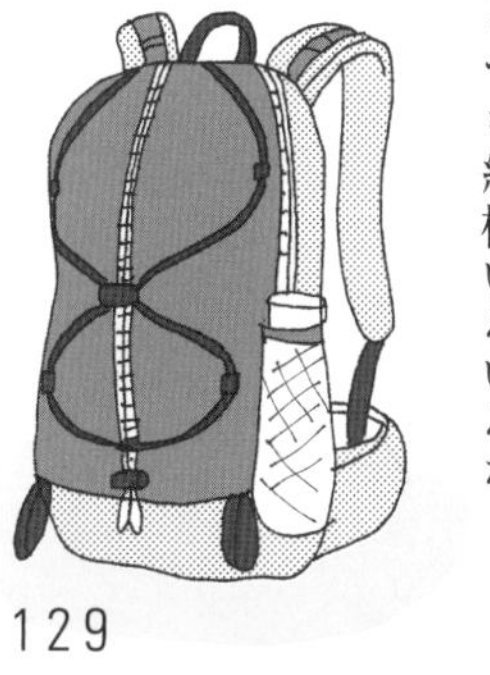

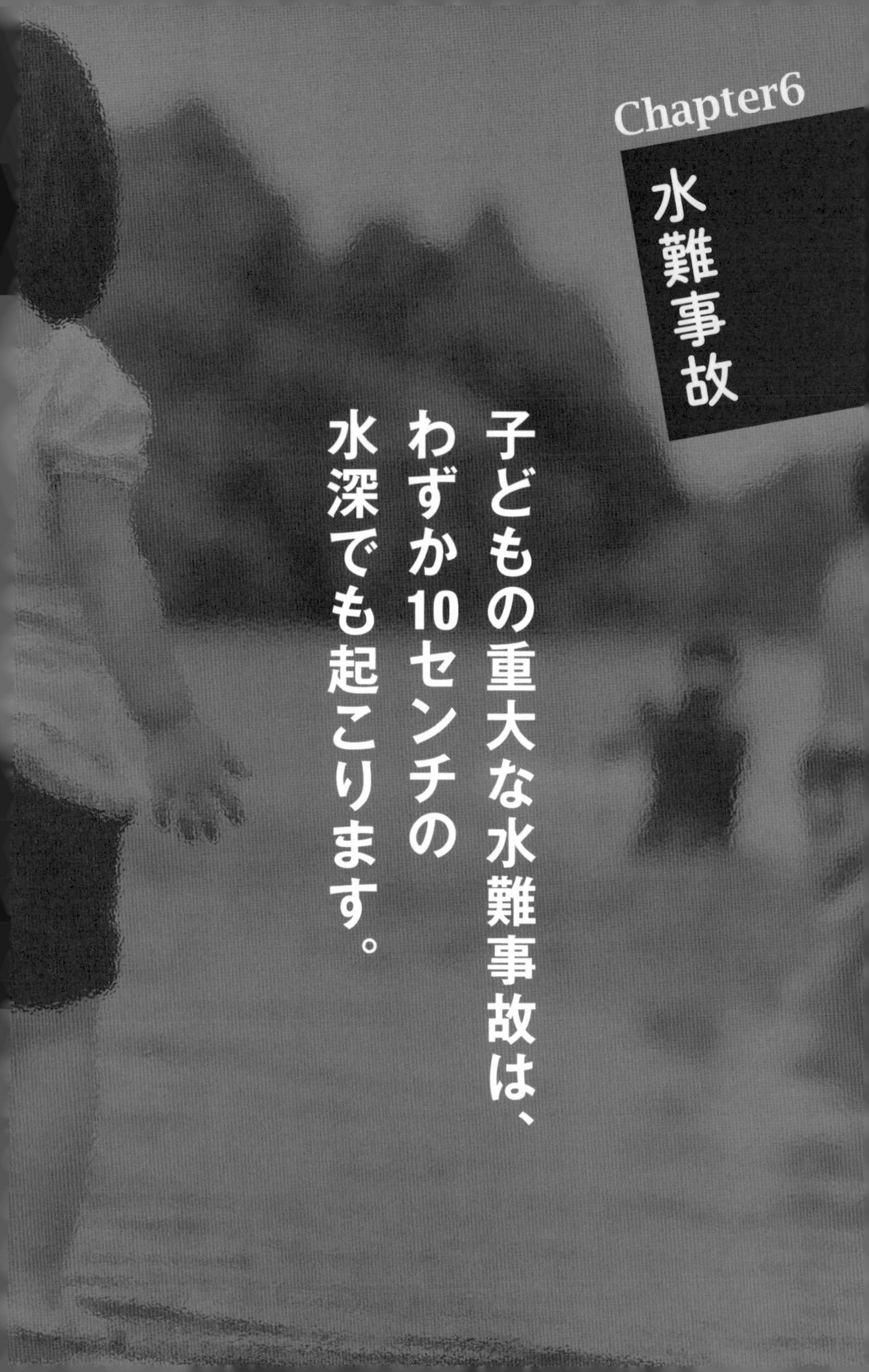

Chapter6

水難事故

子どもの重大な水難事故は、
わずか10センチの
水深でも起こります。

そのとき、どうする？

川でおぼれたら

おぼれかけると焦ってもがいてしまいますが、これはかえって危険。大量に水を飲んでしまったり、助けを求めるのが遅くなったりします。

力を抜いて浮上し、服に空気を入れて浮き輪代わりに

子どもの水難事故で、もっとも多い場所が河川。川は海と違って監視員がおらず、岩など障害物の死角も多いことが、事故が起こりやすい大きな原因です。川でおぼれたら、力を抜くことで浮きやすくなります。浮いたら空気を吸って仰向けになり、体全体の力を抜きます。着ている服の裾を持ち上げて空気を入れるようにし、浮き輪代わりに。流されている木やペットボトルなど浮遊物にしがみついて救助を待つことです。

万が一に備えてロープを張る

流れが穏やかに見える河川でも、急に深くなっている箇所があります。川で遊ぶ大前提としてライフジャケットを身につけること。万が一のことを考えてロープも張りましょう。川の流れに対して45度以下でテンションをかけたロープを張り、所々に少し水を入れたペットボトルをつけます。もし流されたら、このロープにつかまって岸に上がることができます。

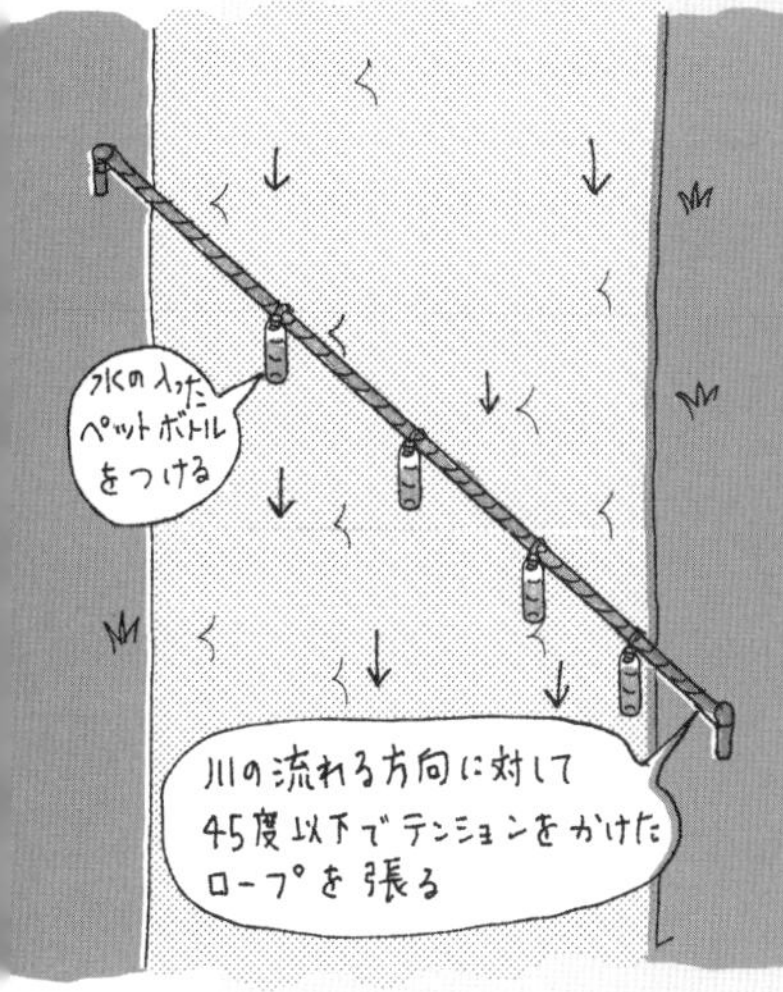

！岩の下に入ってしまったら光を探す

川の事故で怖いのは、流されて岩の下に引き込まれてしまうこと。急に視界が暗くなって恐怖心を覚え、もがいて体力を消耗します。また、救助する人から見えなくなって助けようがありません。岩の下に入ったら見上げて光を探し、その方向を目がけて浮上しましょう。

！おぼれている人を見ても直接つかまない

おぼれている人はパニック状態のため、直接つかんで救助しようとすると、しがみついたり暴れたりして、ともにおぼれてしまいます。助けるときは、竹竿や長いものを差し伸べたり、破ってつないだTシャツなどを命綱代わりにして投げ、それにつかまったところを引き上げます。

海でおぼれたら

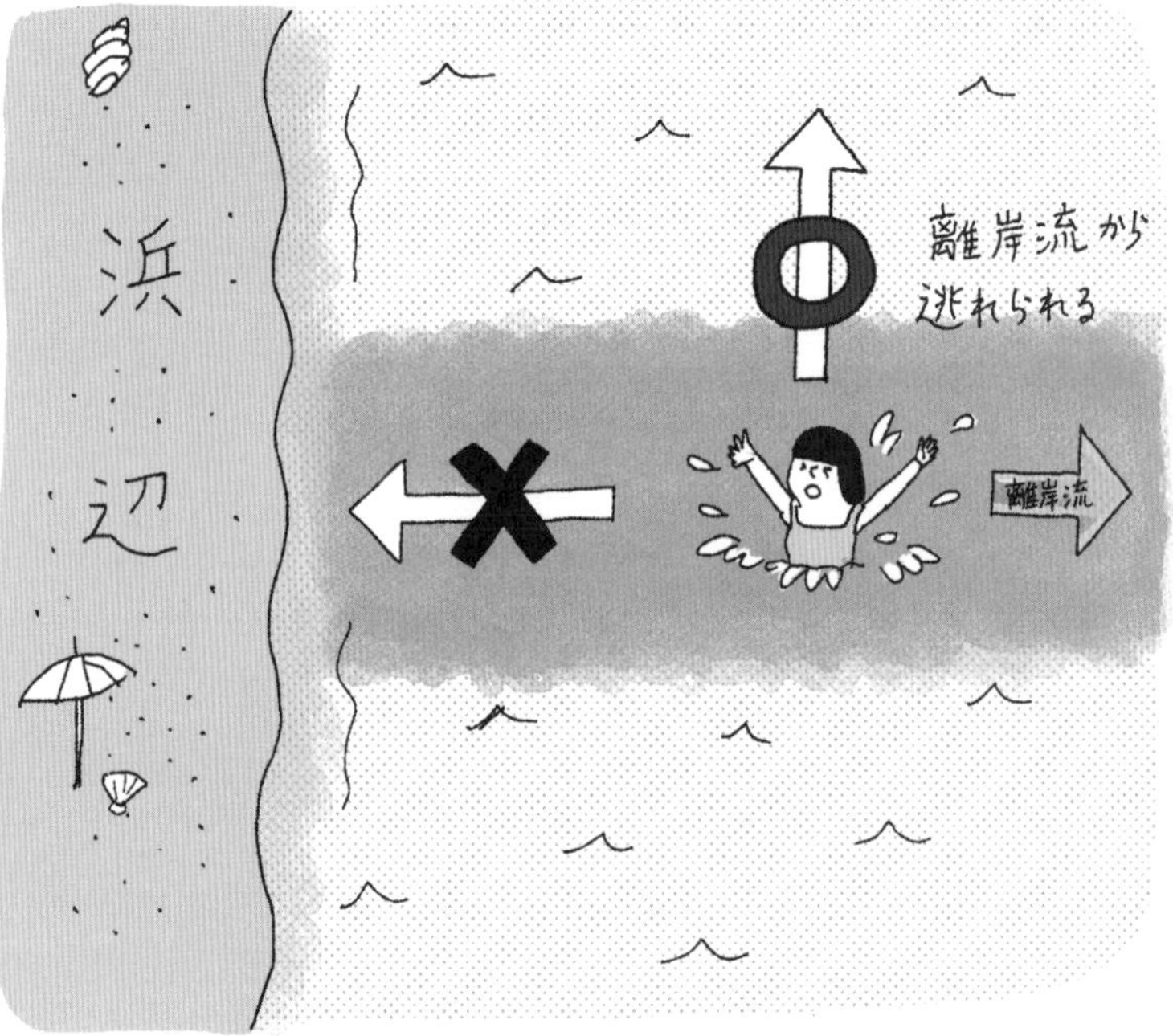

離岸流の幅は 10 ～ 30m とあまり広くありません。海岸と平行に移動すると逃れられます。

離《り》岸《がん》流《りゅう》から逃れるため岸と平行に泳ぐ

おぼれたら体の力を抜き、ゆっくり呼吸をして仰向けになります。海で怖いのは、海岸に打ち寄せた波が沖に戻ろうとするときに発生する強く速い流れ「離岸流」に巻き込まれてどんどん沖に流されてしまうこと。最大で1秒に2メートル進みます。闇雲に泳いでも沖に流されるだけです。離岸流から逃れるためには、浜辺の方向ではなく、浜辺を見ながら平行に移動することで、大きな流れから離れられます。

手のひらで水をかいて浮力を保つ

離岸流から離れて岸と平行に移動するときは、仰向けで軽くバタ足をし、手は腰のあたりで動かすようにして泳ぐ「スカーリング」をします。その際、脚は離岸流側、頭は反対に向けて、頭の方向に移動します。手は横に振って「バイバイ」をするようにしましょう。足は大きく動かさなくても大丈夫。軽く浮いてできるだけ体力を使わないように、少しずつ離岸流から離れることが重要です。

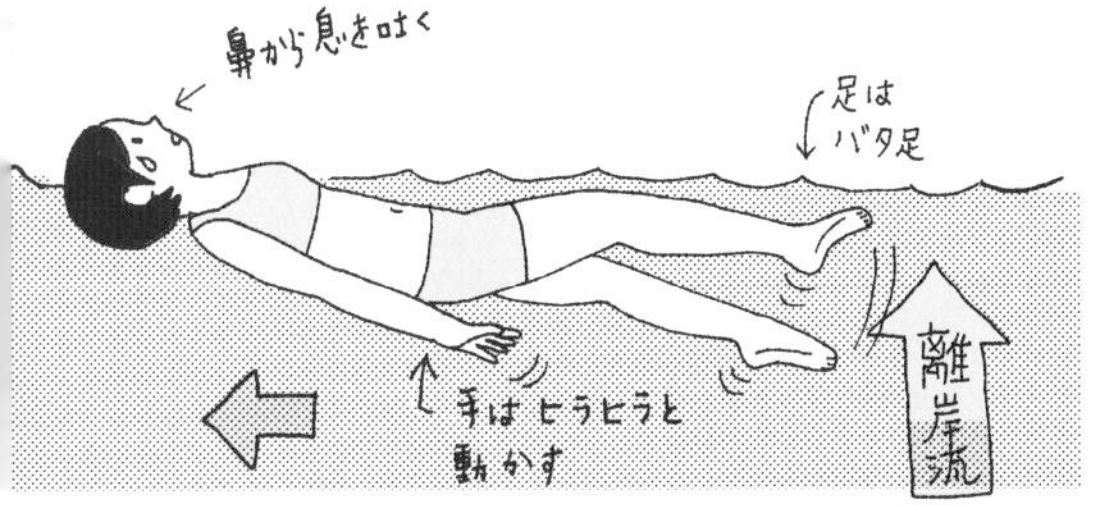

シンクロナイズドスイミングのように水面下で手足を動かしながら、離岸流と反対側に泳ぐようにします。

海水を飲んでしまっても体勢を崩さない

海は波があるので息がしづらくなります。波がきたら口を閉じ、鼻から息を吐いて海水を飲まないように気をつけましょう。万が一、海水を飲んで咳き込んでしまってももがいたりせず、できるだけ仰向けの体勢をキープします。

浮輪は命綱！絶対に離さないで

浮輪を使ってプカプカと気持ちよく浮いていたら、いつの間にか沖に流されてしまっているときがあります。大きな波をかぶるので、転覆《てんぷく》して思わず浮輪を離しそうになりますが、絶対に離してはダメ。離岸流から離れて浮輪につかまっているだけで体力の温存ができますし、全身が水に浸かっていなければ低体温症のリスクも低くなります。

川

川の中州に取り残されたら

1人で取り残されてしまったら、大声で人を呼びましょう。先にペットボトルをつけたロープなどを投げてもらい、それにつかまって引っ張ってもらいます。

中州にいたら1人で岸に戻ろうとしてはダメ！

日頃水が少ない川でも、前日の雨や山に降った雨で水かさが一気に増すことがあります。中州に取り残された際、水深が50センチを越えたら1人で渡るのは絶対にダメ。何人かで手をつないで渡るヒューマンチェーンを行いましょう。前向き、後ろ向きと交互になり、手首をしっかり握り合います。手を握るとすべりやすいので、必ず手首を。岸側には体力と腕力がある人にいてもらい、引っ張り上げてもらいます。

川・海

足がつったら

筋肉は伸びたり縮んだりしますが、つっているのは縮んだままの状態。急激に伸ばすと肉離れの原因になるので、じっくりジワーッと伸ばすようにしましょう。

足指を引っ張って足裏やふくらはぎを伸ばす

久々に海やプールで泳いだり、トライアスロンのスイムなどで筋肉の負荷《ふか》が急に高まったり、冷えたりすると、足裏やふくらはぎがつることがあります。急に身動きがとれなくなるうえに、筋肉が硬直《こうちょく》して痛いのでパニックに陥りやすくなります。しかも地に足がついていない状態。沖にいるようなら息を吸って吐き、力を抜いてもぐり、足指を自分のほうに引っ張りましょう。足裏やふくらはぎが伸びて和らぎます。

海でクラゲに刺されたら

クラゲの触手《しょくしゅ》は無理に抜かず やさしく洗い流す

8月半ばあたりから10月にかけて繁殖期《はんしょくき》を迎えるクラゲ。刺されるとピリッと痛みが走ってジワーッと腫れてきます。クラゲに刺されたら、痛みの程度に関係なくすぐに海から上がりましょう。数回刺されたり、刺されてから数分経ったりすると、アナフィラキシーショックを引き起こすことがあり、溺水《できすい》につながることも。まずはこすらず海水でやさしく洗い、その後冷やして応急処置をしたら、すぐに病院へ行きましょう。

刺された箇所に酢をかけるという方法もありますが、それはアンドンクラゲなどのハブクラゲ類に限ってのこと。種類がわからない場合、酢は絶対に使わないこと！

釣り中に川に転落したら

重りになりやすいウエアは、脱げない場合は切ること

釣りの際にはライフジャケットも必須。慣れている釣り場だからといって油断しているときこそ、事故の危険が高まります。

鮎釣りなど川の中に入って釣りをしていると、魚を追いかけることについ夢中になって川に流されてしまう事故がたびたび起こります。

流されたときに怖いのは、釣りウエアに水がどんどんたまって重りになってしまうこと。まずは、肩ひもをはずし、川の流れを利用してウエアを脱ぎましょう。靴と一体型タイプなどで脱ぎにくい場合は、ハサミで服を切って水を逃がすこと。万が一のためにもハサミは装備を。

湖

凍った湖に転落したら

氷のように冷たい水の中では、筋肉が機能するのは約10分、意識を失うまで約1時間といわれています。落ち着いて、でも急いで対処しなくてはいけません。

氷の1か所だけに体重をかけずに這い上がる

湖の上に張った氷の上でスケートやワカサギ釣りをするとき、氷の割れ目に転落する事故がときどきあります。落ちるときに体が左右に振られるため、穴の真下に落ちることが少ないのです。そのときはもがかず、ゆっくり上を見て、光の方向へ浮上しましょう。割れ目の穴から顔を出して呼吸を確保し、手のひらではなく腕全体を氷につき、上半身を少し持ち上げて胸を氷にこするようにして氷の割れ目から脱出します。

用水路に転落したら

用水路にはまって流されると、溺水だけでなく、体中に擦り傷や切り傷などを負う恐れもあります。カーブや夜道は慣れている近所の道といえども、注意が必要。

体を仰向けにして呼吸を確保する

農業用水や生活雑排水が流れる用水路で起こる転落事故。防護柵がない所が多く、夜道で街灯が少ない所では道路との境目がわからなくて転落してしまうのです。用水路は幅が狭いため、落ちるとすっぽり体がはまって水をせき止めてしまい、溺水することがあります。落ちたらとにかく呼吸を確保するために仰向けになり、水をせき止めないように体を少し傾けるなどし、流れが穏やかになったところで脱出します。

水難コラム

家庭内でも水難事故は起こる！

水難事故というと海や川、プールなどが思い浮かびますが、それ以外に、家の中という身近な場所でも水難事故は起こっています。

お風呂

お年寄りと子どもに多い浴槽でのおぼれ

お風呂での溺死《できし》は10年間で約8割も増加し、交通事故での死亡者よりも多いのです（２０１６年の統計）。そのうち９割が65歳以上の高齢者。原因は浴槽で寝てしまったり、バスタブから上がろうとしてすべって転倒してしまったりとさまざまです。また、冬にはヒートショックも。脱衣所が寒いと、熱を逃さないように血管が縮んで血圧が上がります。そして温かい湯に浸かると血管が広がって急に血圧が下がるといった、血圧の急激な変動によって心筋梗塞《こうそく》や脳卒中になり、急激に体調が悪くなっておぼれてしまうのです。

子どものお風呂での事故も多く、大人が目を離したすきに足をすべらせて落ちる、湯船で遊んでいておぼれる、災害に備えて浴槽にためておいた水の中に落ちるといったケースもあります。お年寄りや子どもがおぼれたら、風呂の栓を抜いておぼれている人を浴槽から出し、呼吸の確保をし、すぐに救急車を呼びましょう。

バケツ・洗面器・ビニールプール

子どもは10センチの水でもおぼれる

子どもは、大人では想像ができないほど少量の水でもおぼれることがあります。子どもは水深10センチでもおぼれてしまいます。興味本位でバケツの中をのぞき込んだ拍子に頭から落ちてしまったり、洗面器やベビーバス、ビニールプールでおぼれることもあります。子どもは頭が大きく、重心が高いうえに筋肉が未発達なので、大人よりもバランスを崩しがち。バケツや洗面器くらいなら顔を上げられると思うかもしれませんが、子どもの筋力では上体を起こすことができないこともあります。

トイレ・洗濯機

子どもにとっては最高の遊び場

レバーを流すと水が流れる、渦を巻くといったトイレは、子どもにとってはとにかく面白くて仕方のない場所です。トイレに行って便器をのぞき込んでいて、頭が抜けなくなったという事故もあります。鼻と口元が覆われてしまえば、呼吸が苦しくなって便器での溺死の危険もあります。

洗濯機もトイレと同様、子どもの興味をそそります。ぐるぐる回る様子を面白がって見ているうちに、洗濯槽の中に転落して溺れた事故のほかにも、二槽式洗濯機の洗濯槽を見ていてバランスを崩して溺れたというケースも。洗濯機は、回っているときにはふたにロックがかかるものを選ぶようにしましょう。また、洗濯機の近くに踏み台になるようなものを置いてはいけません。

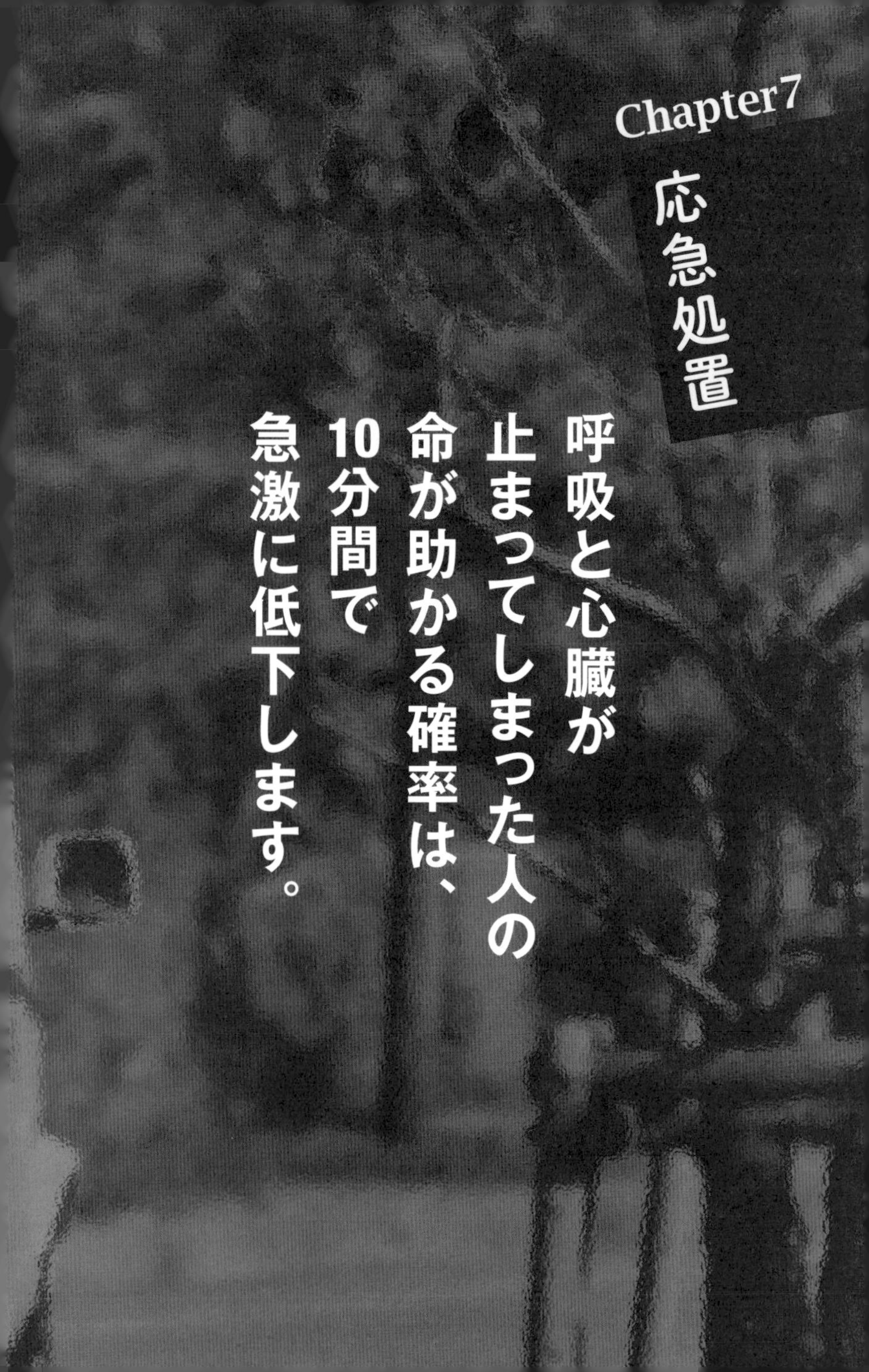

Chapter7

応急処置

呼吸と心臓が
止まってしまった人の
命が助かる確率は、
10分間で
急激に低下します。

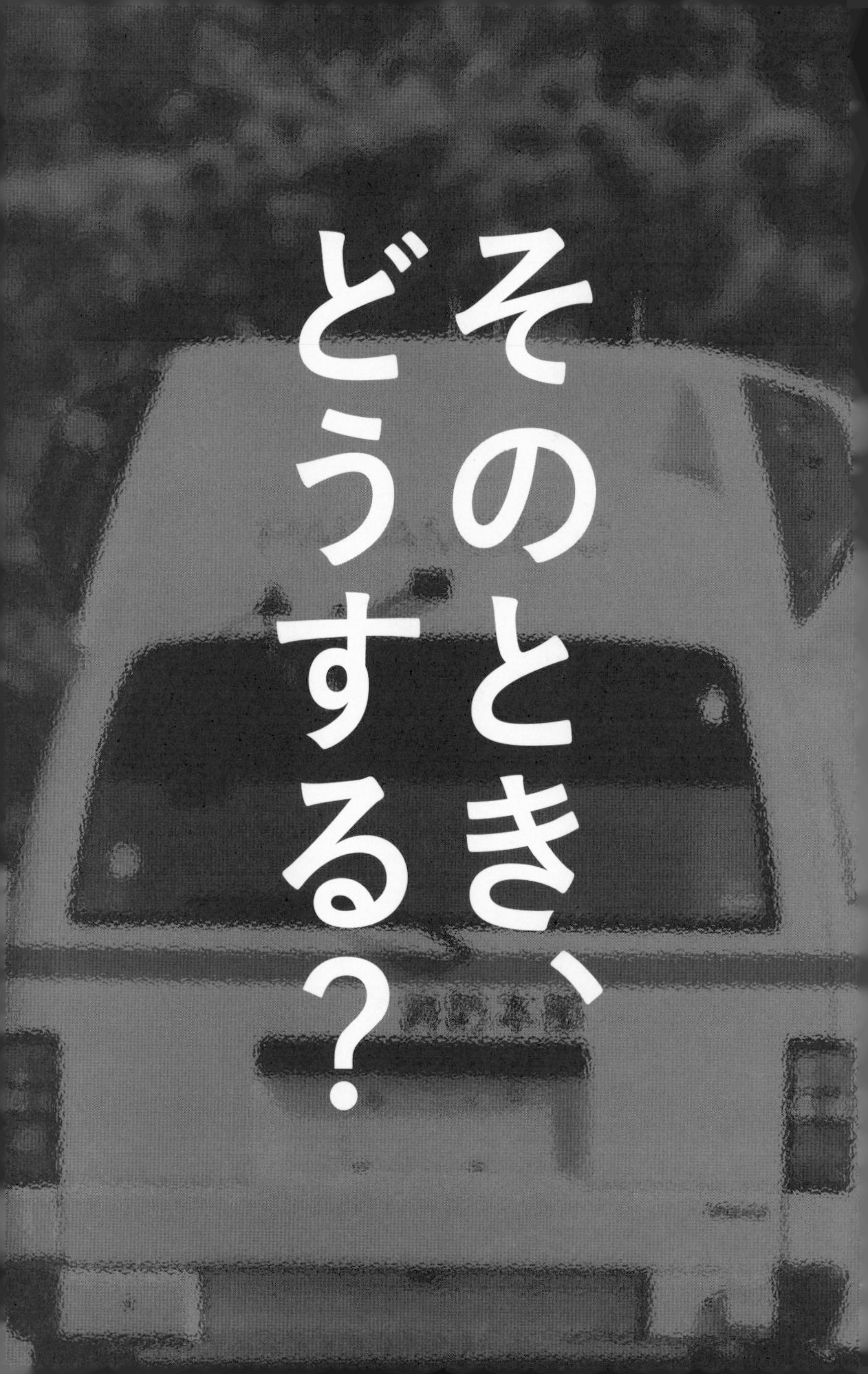
そのとき、どうする？

捻挫・骨折をしたら

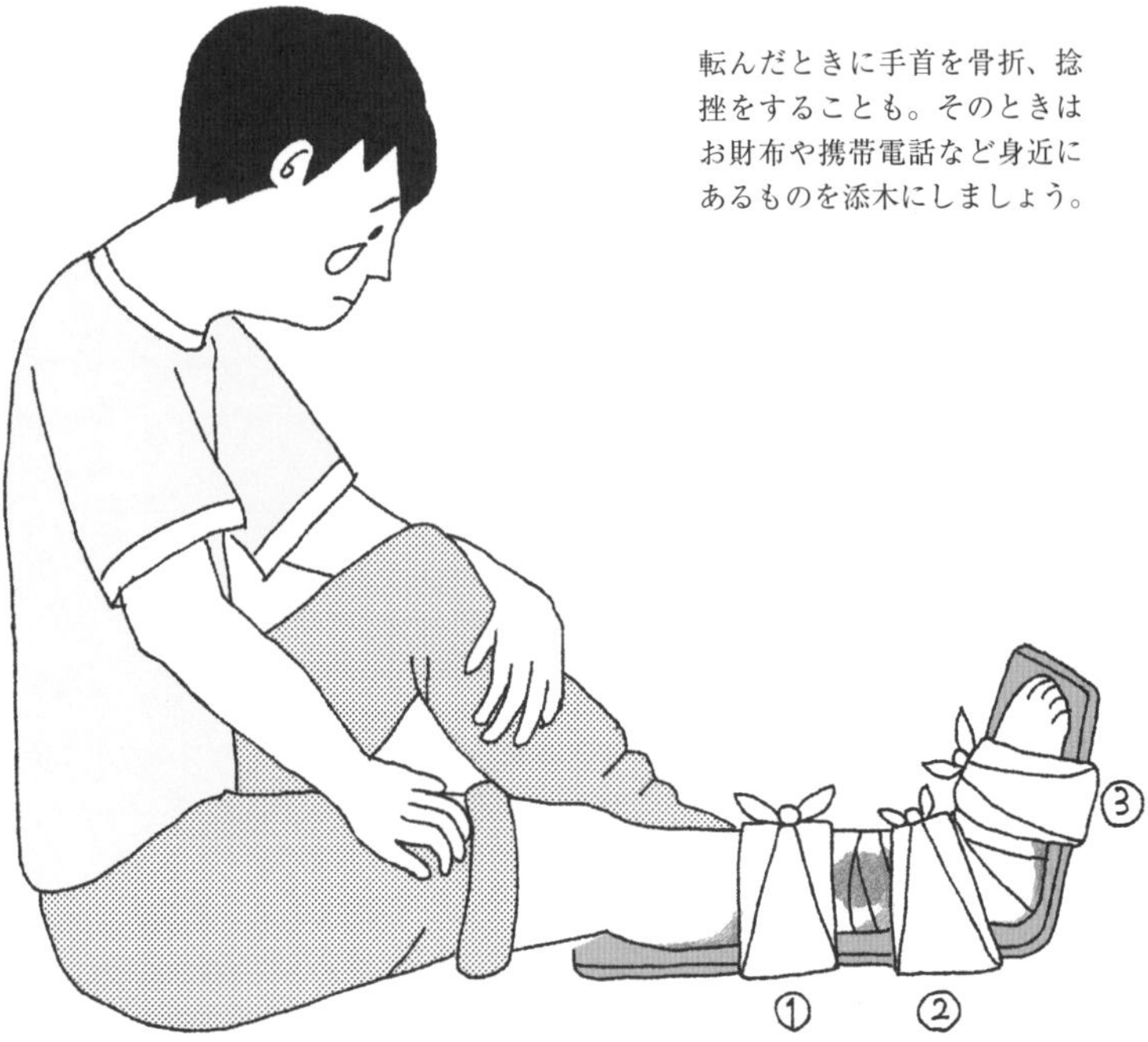

転んだときに手首を骨折、捻挫をすることも。そのときはお財布や携帯電話など身近にあるものを添木にしましょう。

足首を固定し、移動できる処置を

高いヒールで階段を下りたり、ちょっとした段差でつまずいたりして捻挫や骨折をすることがあります。とりあえず移動できるように処置をすることがポイント。いちばんよくある足首の骨折、捻挫は足首が曲がらないように段ボールなどで添木《そえぎ》をして、テープや手ぬぐい、ラップなど縛れるもので、負傷した箇所の近くから固定をします。帰宅したらすぐに氷で冷やし、骨折が心配なら病院へ行きましょう。

深い傷を負ったら

階段からの転落によって頭を切る人も多くいます。手や足はもちろんのこと、頭を切った場合も、ガーゼやきれいなハンカチなどを傷口に当てて直接圧迫します。

出血が多いときは傷口を直接圧迫

切り傷や擦過傷《さっかしょう》で出血が多い場合、とにかく止血が先決です。運動中や飲酒中は、特に出血の量が多くなります。まずは傷口を水で洗ったら、清潔なガーゼを当て、直接手で傷を圧迫。腕や手の場合は、心臓より上にします。しばらくすると出血がおさまるので、ガーゼの上からラップを巻きます。圧迫する際、直接血液には触れないように、ビニール袋などで手を覆うようにしましょう。

やけどをしたら

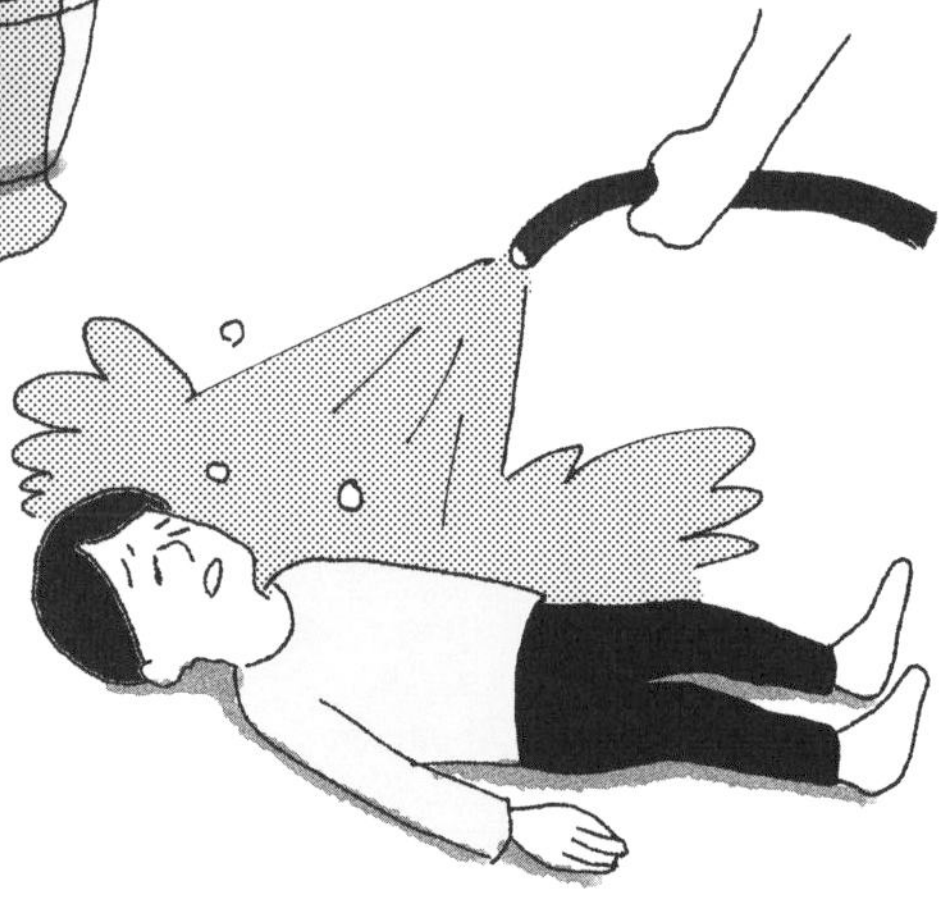

やけどをして冷やすと、しばらくして水ぶくれができますが、ばい菌が入るので絶対に破らないようにしましょう。

やけどの程度と種類によって対処を変える

油や熱湯がかかるといった一般的なやけどは、すぐに水道水で10分程度冷やします。水ぶくれができますが、破らないように。薬品によるやけどの場合は、服に薬品が付着していたら、その部分をハサミで切りましょう。目に入った場合は絶対にこすらず、大量の水で薬品を洗い流します。火事などによる広範囲のやけどの場合は、服は着たまま、大量の水を弱い水圧で全身にかけて冷やし、すぐに病院へ行きましょう。

応急処置

刺し傷が深かったら

傷を水道水で洗ったらすぐに病院へ

ナイフや釘が刺さった場合は、まず刺さったまま傷口をできるだけ奥まできれいに丁寧に洗い、患部の周辺にガーゼなどを当て圧迫して止血します。ナイフの場合は、刺さった箇所の筋肉が硬直してしまっているので、自分で無理して力任せに抜かないように。釘の場合、特に古いものだと、さびや汚れなどによって破《は》傷風《しょうふう》になる可能性がありますので、傷口を洗ったらすぐに病院へ行き、治療してもらうようにしましょう。

体重 60kg の人の血液量の目安は 4.8 ℓ。出血性ショックになるのは 0.96 ℓ、生命の危機に陥るのは 1.44 ℓ が目安。体重の軽い子どもは血液量が少ないので、少量でも命にかかわることがあります。

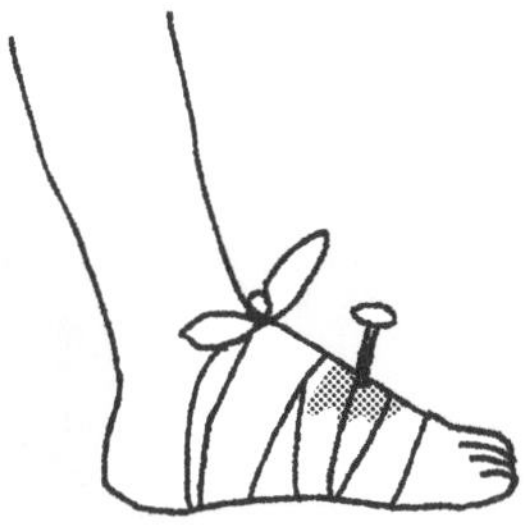

人が倒れていたら

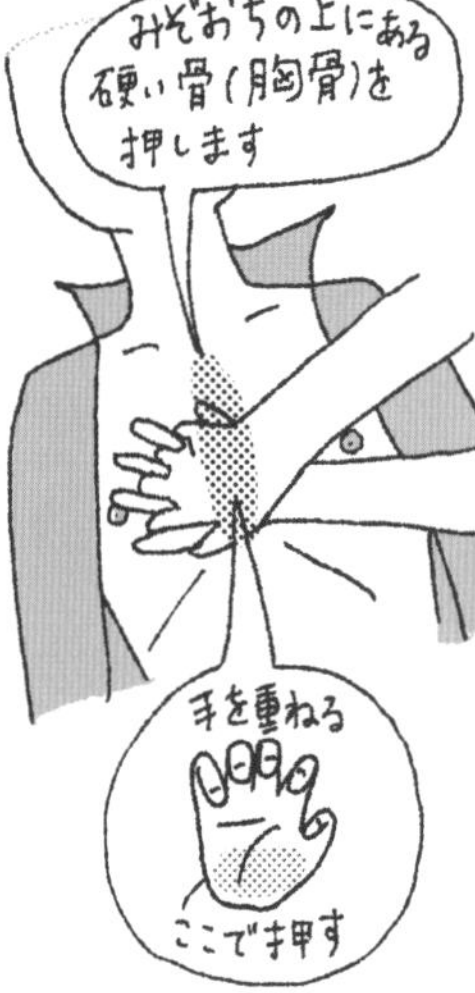

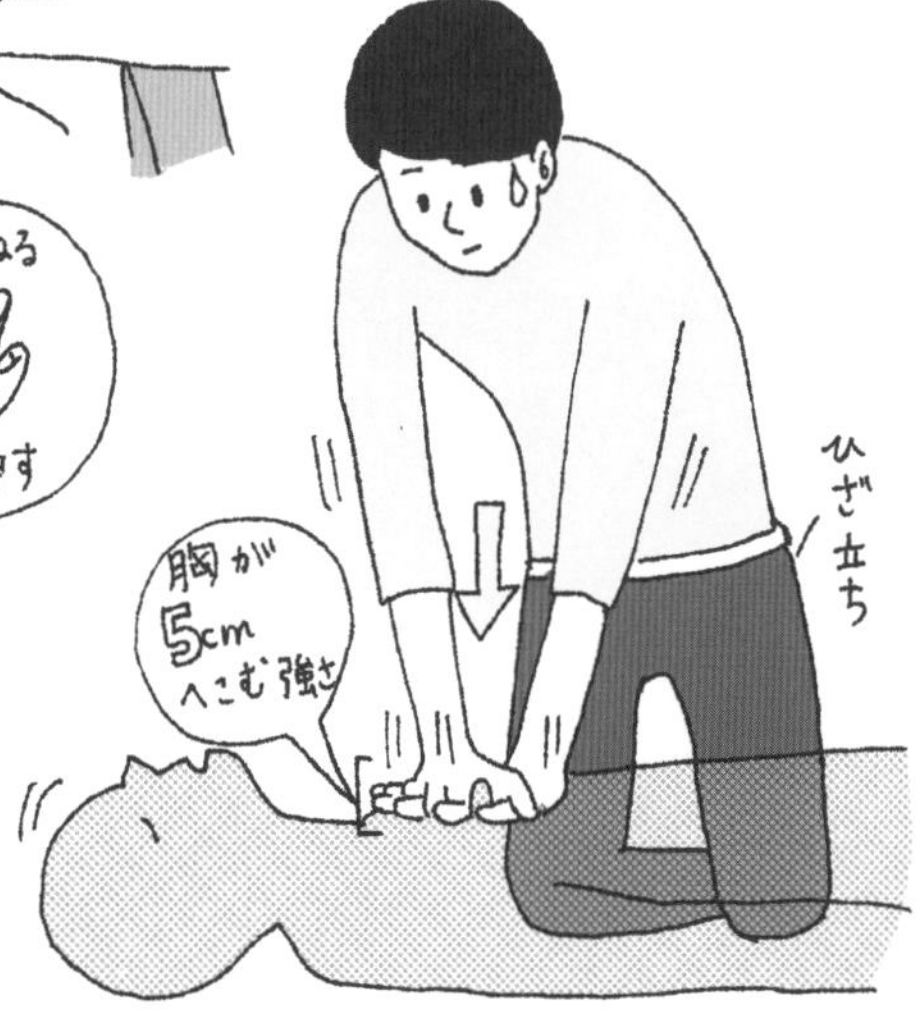

左右の手の指を重ねて絡めたら、倒れている人のみぞおちの少し上の胸骨に置きます。胸骨は弱いので折れることもありますが、心肺《しんぱい》蘇生《そせい》が優先です。

両肩を軽く叩いて意識の有無を確認

目の前で人が倒れてしまったら、あたふたしてしまうし、動かしていいものかと迷ってしまいます。まずは両肩を軽く叩いて声をかけ、意識の有無を確認。鼻に自分の耳を当て、胸を見て呼吸を確認します。反応がなければＡＥＤを搬送《はんそう》してもらい、周囲の人に呼びかけて救急車を呼んでもらいます。ＡＥＤを待つ間は、心臓マッサージを。胸骨のあたりが５センチ沈むくらい力強く、１分間に１００～１２０回程度行います。

応急処置

過呼吸になったら

過呼吸は、浅く速い呼吸を何度も繰り返し、必要以上に二酸化炭素を体内から吐き出したことによって引き起こされる呼吸困難のような症状。体のしびれ、めまい、動《どう》悸《き》などを伴うことも。

自分を落ち着かせ、慌てず、ゆっくり深呼吸を

不安にかられたり、極度に緊張したりすると、呼吸が乱れて過呼吸になることがありますが、慌てないこと。「息が吸えない」といった感覚に陥りますが、酸素は十分に足りています。一度立ち止まって胸に手を当て、ゆっくり深呼吸をし、自分を落ち着かせましょう。深くゆっくり息を吸ったら一度息を止め、10秒ほど時間をかけてゆっくり息を吐きます。これを何度か繰り返します。

餅が喉に詰まったら

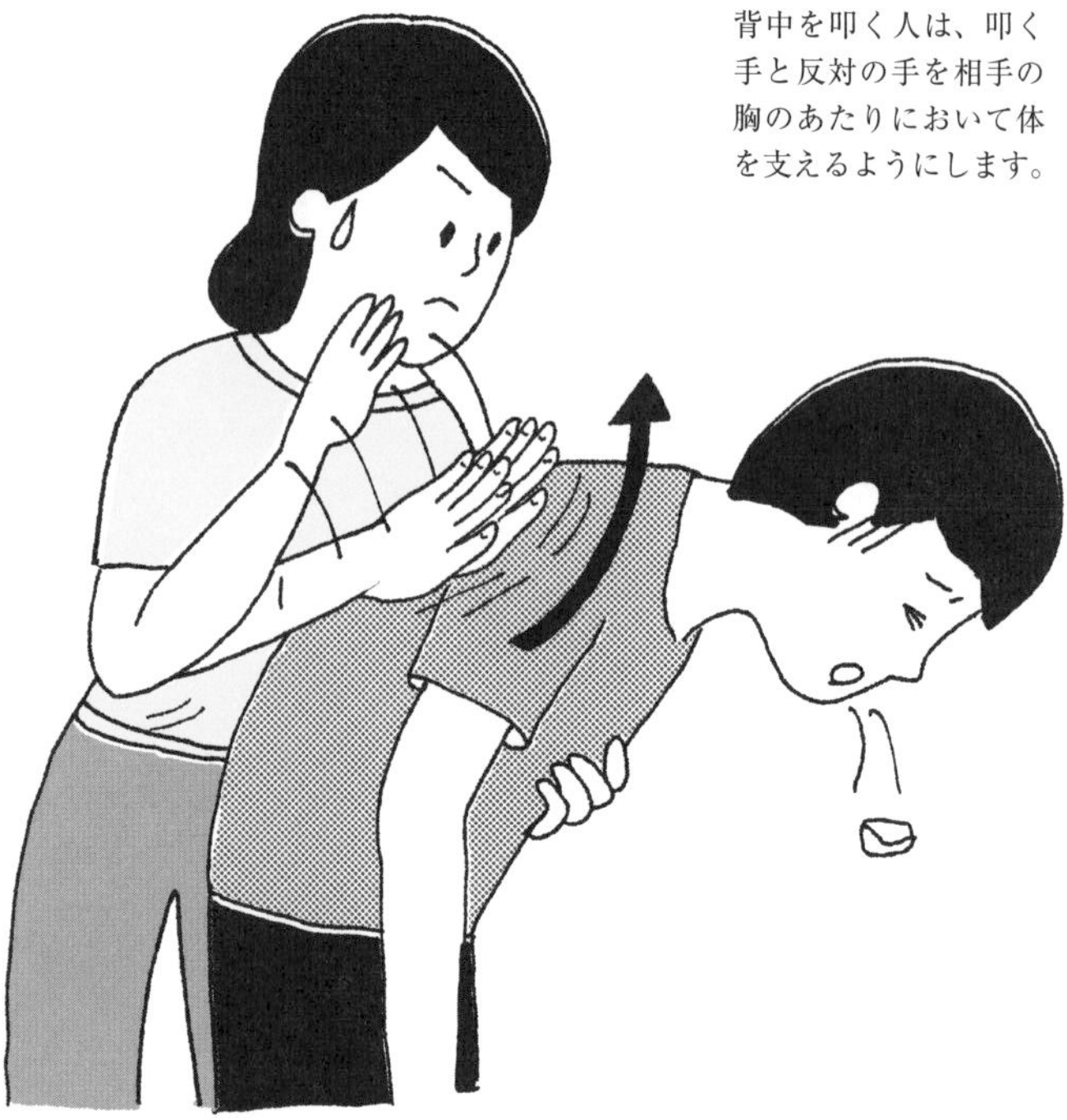

背中を叩く人は、叩く手と反対の手を相手の胸のあたりにおいて体を支えるようにします。

うつむかせた姿勢で背中を叩いて餅を出す

お正月になると毎年あるのが餅の事故です。餅にかかわらず、高齢になると嚥下《えんげ》能力が落ちるので、ものを喉に詰まらせることが増えてきます。餅が喉に詰まったら、「背部叩《こう》打《だ》法」という方法をとります。餅が詰まってしまった人を座らせるか立たせるか、うつむかせた姿勢にします。肩甲骨《けんこうこつ》の間を、手のひらの付け根を当ててすべらせるように叩きます。命にかかわることなので強めに、餅が出るまで叩きます。

応急処置

足にマメができたら

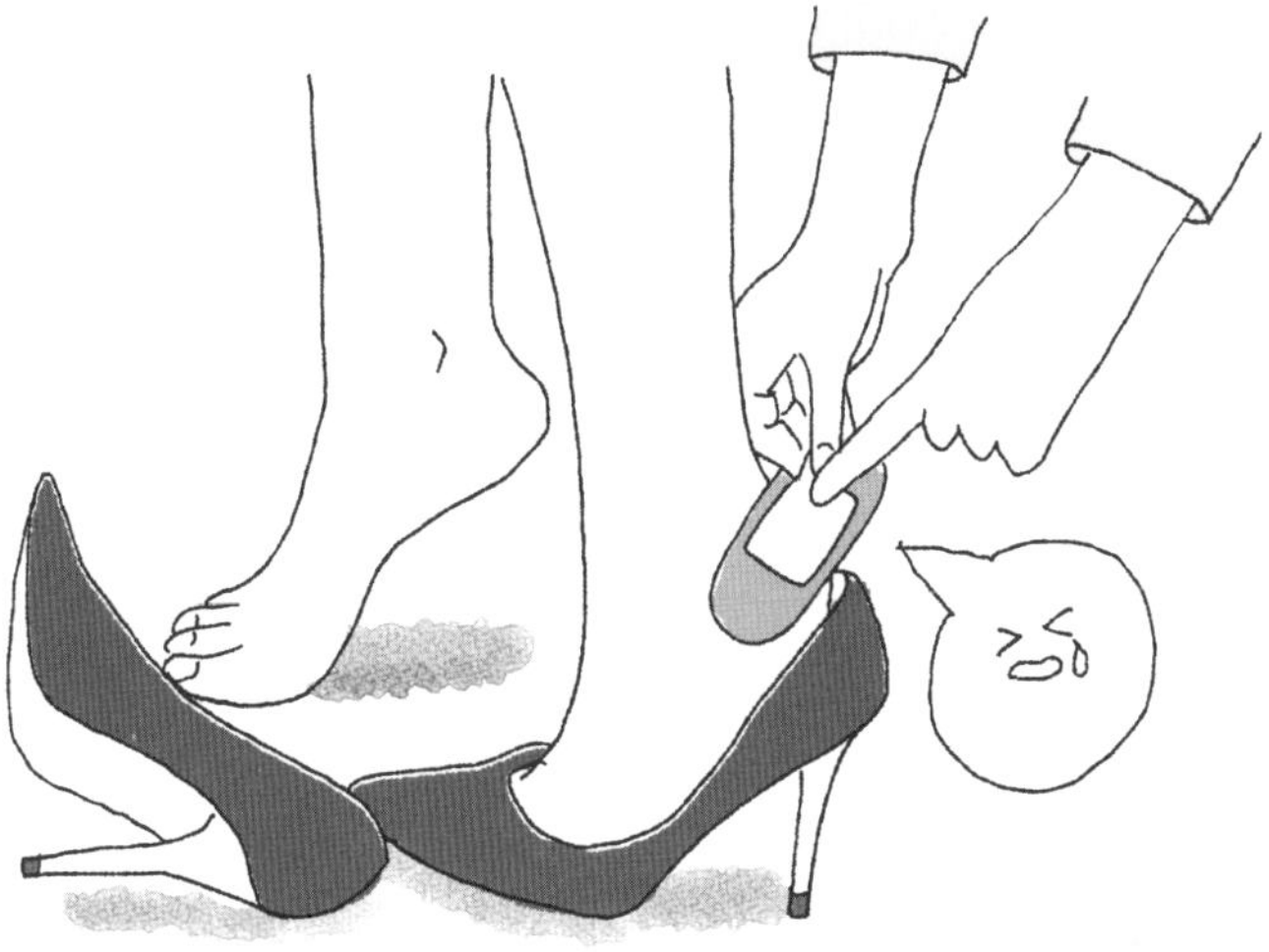

足がむくむと靴がきつくなり、小指や親指の横などにマメができやすくなります。歩いているときに絆創膏がめくれないようにしっかり貼ること。

マメはつぶさず絆創膏《ばんそうこう》で保護を

サイズの合わない靴や新しい靴、特に素材が固い革靴で靴ずれやマメができることがあります。だからといって、外出先なので靴を替えるわけにはいかず、歩くたびに苦痛。そんなときは、マメよりひと回り大きなサイズの絆創膏を貼って保護しましょう。靴ずれをするとこすれたところに水ぶくれができます。この水《すい》疱《ほう》の中の液を出したくなりますが、実は皮膚を守ってくれる役割があるので、つぶさないように。

鼻血が止まらなかったら

鼻に詰め物をするのは鼻血の対処法の定番ではありますが、鼻の中にティッシュの一部が残って感染症になる恐れもあるので、おすすめできません。

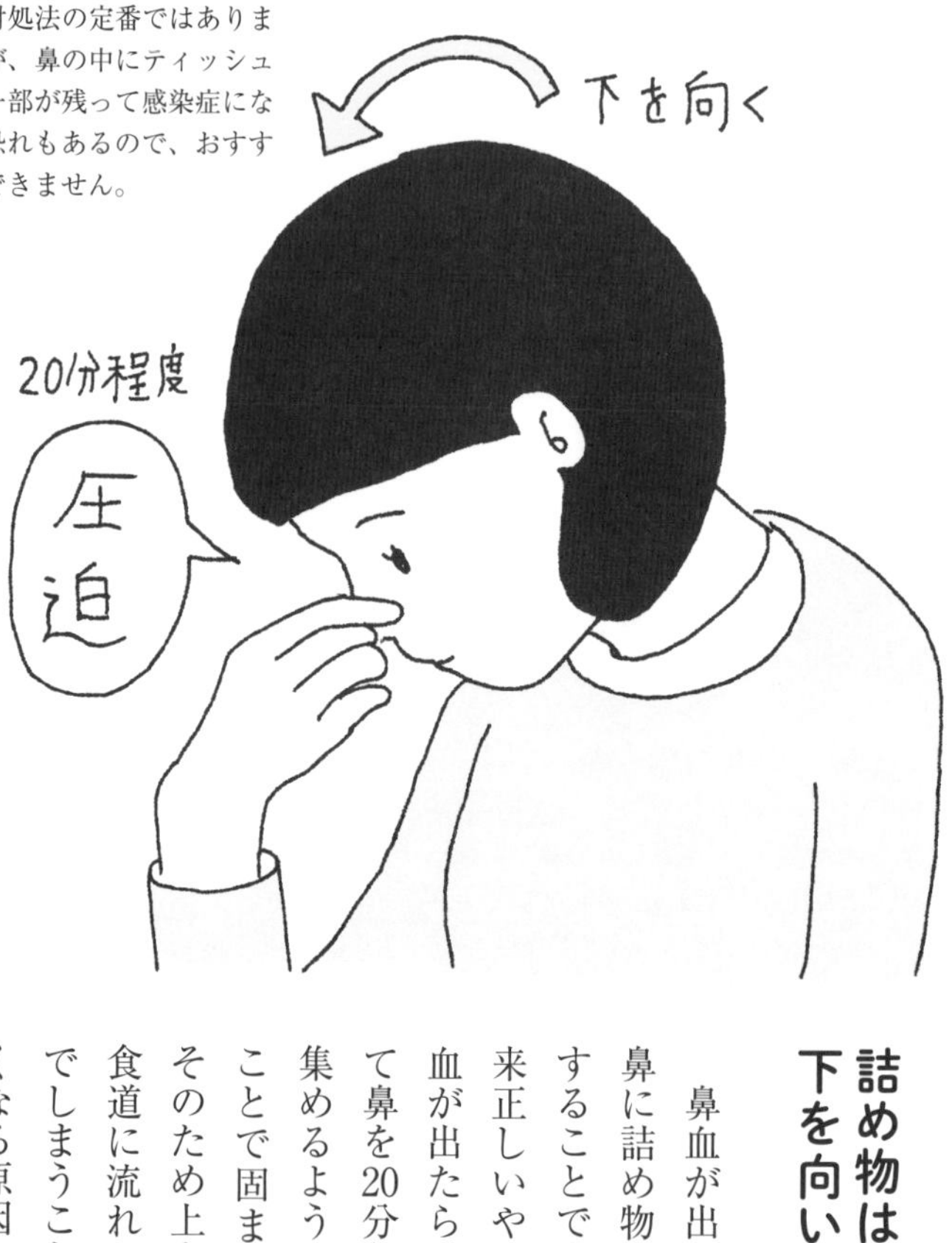

詰め物はせず、下を向いて鼻血を出し切る

鼻血が出たときの対処法の多くが、鼻に詰め物をしたり、上を向いたりすることです。しかし、これらは本来正しいやり方ではありません。鼻血が出たら、イスに座って下を向いて鼻を20分程度押さえ続け、血液を集めるようにします。血液は集まることで固まる性質を持っています。そのため上を向いてしまうと気道や食道に流れてしまうし、血液を飲んでしまうことになるので、気分が悪くなる原因になります。

応急処置

子どもが誤飲したら

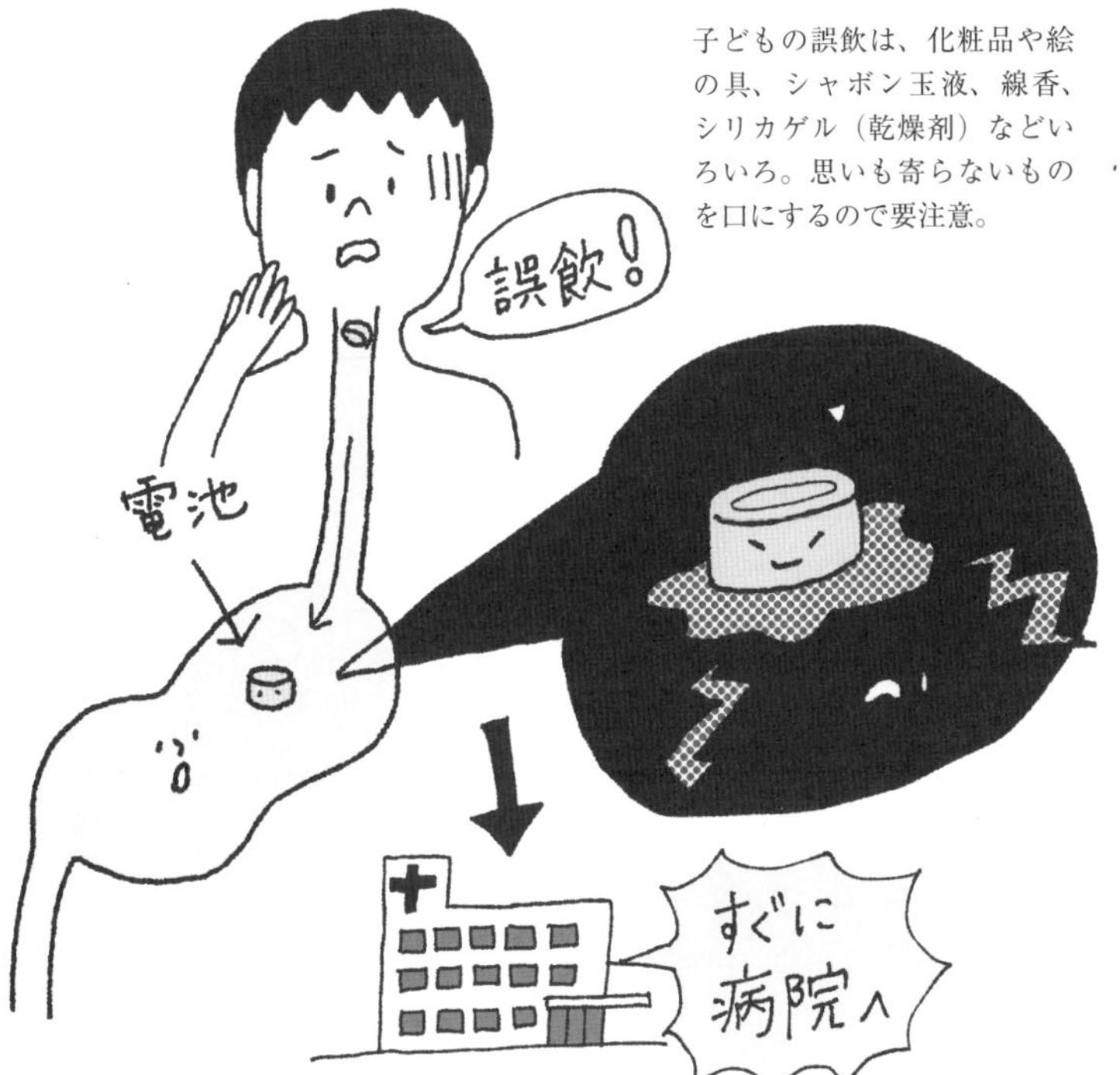

子どもの誤飲は、化粧品や絵の具、シャボン玉液、線香、シリカゲル（乾燥剤）などいろいろ。思いも寄らないものを口にするので要注意。

子どもが遊びがちなボタン電池は胃を溶かす

誤《ご》飲《いん》が多い小さな子ども。たとえばリモコンやゲームに使っているボタン電池。子どもは遊んでいるものをなめたがる傾向にあるので、注意しておかなくてはなりません。電池が体液に触れると、化学反応を起こして胃を溶かしてしまうことがあります。誤飲してしまったら、とにかく早く病院へ。電池の次に多いのが洗剤。間違えて飲んだ場合は、無理に吐かせるのではなく、牛乳や生卵、水を飲ませるようにしましょう。

応急処置コラム

AEDは音声に従えば誰でも使える

街のあちこちに設置してあるAED。存在は知っているものの、使い方を知らない人が多いのではないでしょうか。いざというときに人助けになる、AEDの使い方をマスターしましょう。

そもそもAEDって何？

AED（自動体外式除細動器）は、突然心臓が正常に動かなくなって心停止状態になってしまったときに、電気ショックを与えることで心臓を正常なリズムに戻すための医療機器です。日本では救急車が到着するまで平均約8・6分といわれています。心停止の状態が1分経過するごとに、助かる確率が7～10％低下し、心臓から血液が送られなくなると、3～4分で脳への支障が出て回復が困難になるといわれています。救急車の到着を待つ間、応急処置に重要な医療機器。街のあちこちにあり、誰でも扱うことができます。

どこに設置されているの？

病院や学校、官公庁、スポーツセンターなどの公共施設、デパートやドラッグストア、コンビニなどの商業施設、駅などにあります。自動販売機に備えつけられたタイプもあります。自分のよく歩く道、使う駅、通勤ルートなど、日頃から意識してチェックしておきましょう。

どう使うの？

ＡＥＤは特別な知識がなくても、音声に従っていくだけで使えます。詳しく知りたい場合は自治体やＡＥＤのメーカーなどで講習を行っているので受けてみてください。

意識がなく、正常に呼吸をしておらず、脈が確認できない場合にＡＥＤを使います。ＡＥＤのボックスを開けて電源をＯＮにすると音声ガイダンスが流れます。次に電極パッドを右胸と左脇腹に直接貼ります。電気ショックが必要かどうかはＡＥＤが判断し、音声で教えてくれます。電気ショックが必要と判断された場合は、「電気ショックが必要です。体から離れてください」「ショックボタンを押してください」というような音声ガイダンスが流れるので、周りの人たちに離れてもらうように促しましょう。ショックボタンを押し、電気ショックを実行します。その後、音声ガイダンスに従って胸骨の圧迫をします。

【参考文献】

■『いのちを守る！　災害対策大百科』藤吉洋一郎 監修（日本図書センター）

■『大地震 死んではいけない！　間違いだらけの「常識」にだまされるな！』
レスキューナウ 編集／目黒公郎 監修（講談社）

■『大地震！とっさの行動マニュアル』山谷茉樹 著／平井寿信 イラスト（廣済堂出版）

■『自衛隊防災 BOOK』マガジンハウス 編集／自衛隊・防衛省 協力（マガジンハウス）

■『自衛隊防災 BOOK 2』マガジンハウス 編集／自衛隊・防衛省 協力（マガジンハウス）

■『いざというときに身を守る　気象災害への知恵』伊藤佳子・鈴木純子 著（求龍堂）

■『4コマですぐわかる　みんなの防災ハンドブック』
草野かおる 著／渡辺実 監修（ディスカヴァー・トゥエンティワン）

■『警視庁災害対策課ツイッター　防災ヒント 110』
日本経済新聞出版社 編集／警視庁 取材協力（日本経済新聞出版社）

■『自衛隊芸人トッカグンの日用品で簡単にできる‼　超自衛隊式防災サバイバル BOOK』
トッカグン 著（双葉社）

■『知識ゼロからの異常気象入門』斉田季実治 著（幻冬舎）

■『やってはいけない山歩き』野村仁 著（青春出版社）

■『浮いて待て！　命を守る着衣泳』斎藤秀俊 著（新潟日報事業社）

■『東京くらし防災』東京都総務局総合防災部防災管理課 著

■『東京防災』東京都総務局総合防災部防災管理課 著

■『親子で学ぶ　自然災害から子どもの生命を守る本』山本光義 著（メディアイランド）

【取材協力】

Chapter 4『火災』、Chapter 6『水難事故』、Chapter 7『応急処置』について

■髙野甲子雄（たかの・きねお）

公益財団法人原子力安全研究協会　放射線災害医療研究所副所長

元小金井消防署長

1948年生まれ。68年に東京消防庁に入庁し、2009年に退官。82年には、千代田区永田町で発生した「ホテルニュージャパン火災」に麹町消防署永田町特別救助隊長として現場に最初に到着し、緊迫した現場で多くの人命救助を行った。この功労で「消防総監賞」「東京都知事賞」「消防庁官賞」「総理大臣賞（部隊賞）」「都民の消防官」を受賞。退官後も、日本各地の災害発生時にすぐに被災地に入ってボランティア活動を行うなど、現場主義を貫き、実戦に活きる活動を精力的に行っている。

Chapter 5『山の事故』について

■日本山岳救助機構（ジロー）

山岳遭難対策制度を運営する団体。会員は登山時に、自力で下山できない状況（遭難）に陥った際、捜索・救助費用がガバレージ制度により550万円まで補填される。会員の相互扶助によって成り立っており、会員の誰かが遭難した場合、その費用を会員全員で負担するというシステム。遭難を未然に防ぐための講習会や講演会なども行っている。会員数は92,000人ほど(2019年12月末時点)。2019年度の会員1人あたりの事後分担金は300円。

HP：www.sangakujro.com

甘中繁雄（かんなか・しげお）

ＮＰＯ法人日本防災士機構　理事
ＮＰＯ法人日本防災士会　常任理事・事務局長
兵庫県出身、関西学院大学法学部卒業。西宮市の自宅で阪神・淡路大震災に被災したことを原体験として、防災士制度設立に参加する。現在、ＮＰＯ法人日本防災士機構理事、ＮＰＯ法人日本防災士会常任理事・事務局長として、数々の災害現場での調査活動やボランティア活動をもとに、全国各地で「防災研修」を企画・実施し、地域の減災に貢献する「防災士」の育成に取り組んでいる。また、自治体や企業での防災講演会、避難所開設訓練や地区防災計画作成支援等、防災教育や訓練に積極的に取り組み、減災社会の実現に向け活動している。

そのとき、どうする?
ただちに命《いのち》を守《まも》るとっさの行動《こうどう》マニュアル

2020年3月10日　第1刷発行

監　修　甘中繁雄《かんなかしげお》

発行者　佐藤 靖

発行所　大和《だいわ》書房
東京都文京区関口1-33-4
電話03(3203)4511

アートディレクション　宮崎謙司（lil.inc）
デザイン　井上安彦　長谷川弘仁　清水孝行　成瀬晴康（lil.inc）
編集協力　峯澤美絵
校正　飯田満枝

印刷　歩プロセス
製本　ナショナル製本

ISBN978-4-479-78501-9
乱丁本・落丁本はお取り替えいたします
http://www.daiwashobo.co.jp